澜湄五国农业投资 合作机遇与实务指南

中国农业国际交流协会
走出去智库（CGGT） 编著

中国农业出版社

前言

2017年5月，中华人民共和国农业部等四部委发布了《共同推进"一带一路"建设农业合作的愿景与行动》。这份文件的宗旨是进一步加强"一带一路"农业合作的顶层设计，说明了时代背景、提出了合作原则、厘清了框架思路、明确了合作重点、建立了合作机制、规划了行动与未来。其中，该文件明确提出了"强化澜沧江—湄公河合作等现有涉农多边机制"及"共同编制双边农业投资合作规划，增强对最不发达国家农业投资"的行动要求。2017年8月，国务院办公厅转发的《关于进一步引导和规范境外投资方向指导意见的通知》文件中，继续将"着力扩大农业对外合作，开展农林牧副渔等领域互利共赢的投资合作"纳入"鼓励开展的境外投资"领域。可见，在"一带一路"倡议下，我国与包括柬埔寨、老挝、缅甸、泰国和越南在内的"澜湄五国"在农业领域有广泛的合作空间和市场前景。

然而，目前我国业界和学术界对包括澜湄五国的农业投资领域尚未有系统、深入的研究，现有文献资料无论是从数量还是质量上均不能满足政府部门和涉农企业对外投资需求。特别是投资目的国的农业现状、发展趋势、投资风险及实务指南。这一现状加大了我国涉农企业对上述国家的投资难度和风险。

为改变这一不利局面，提高投资便利化水平，在中国农业国际交流协会和走出去智库的共同努力下,《澜湄五国农业投资合作机遇与实务指南》(以下简称《指南》)应运而生。《指南》首先对中国与澜湄五国合作机制参与国农业合作现状做了概述,然后分别对中国与柬埔寨、老挝、缅甸、泰国和越南的农业投资合作机遇与现状做了系统性研究。对于每个投资目的国,一方面对该国农业的现状与趋势从资源禀赋、现状、机遇三个角度进行分析,另一方面对投资该国农业的风险从国际评价、主要风险因素两个层面进行阐述,此外还重点阐述了我国企业投资该国农业的实务指南,涵盖该国的产业准入与监管政策、劳动就业要求、土地使用规定、环保要求、跨境销售商品和服务要求、税收法律制度及主要政府管理部门。在每一章的最后,对我国在每个国家的农业投资,编者均遴选了近年来的成功案例,力图对我国企业对外农业投资实践有所启发。

希望《指南》成为我国涉农企业对外投资的实用性指导手册。鉴于"一带一路"倡议的实施路径仍在持续优化过程中,兼之澜湄五国的农业现状、趋势、风险、法律与政策均在不断变化,为维持《指南》的时效性,中国农业国际交流协会和走出去智库也将定期更新本《指南》。

编　者
2017 年 12 月

目　录

第一章 中国与澜湄合作机制参与国农业合作现状

一、中国与柬埔寨农业合作现状

（一）农产品贸易情况

中柬建立全面战略合作伙伴关系以来，双边贸易额逐年上升，经贸合作频繁，中国成为柬埔寨最大的外资来源国。"一带一路"倡议的提出和中国—东盟自由贸易区的全面建成，为中柬双边农产品贸易发展带来了强大动力。

目前，中柬农产品贸易规模仍较小，双边农产品贸易总额占中国农产品贸易总额的比重仅为 0.11%。但随着柬埔寨"四角战略"的实施，以及中柬农业经贸交流与合作的落实和推进，将有助于柬埔寨实现农业的增产增收，中柬农产品贸易规模也将继续扩大。中国商务部统计数据显示，2007—2016 年，中柬双边农产品贸易总额从 0.24 亿美元扩大到 1.99 亿美元，年均增长率为 26.47%（图 1-1）。2010 年，中柬两国政府签署了《中华人民共和国国家质量监督检验检疫总局与柬埔寨王国农林渔业部关于柬埔寨精米输华的植物卫生要求议定书》，清除了柬埔寨大米直接出口中国的障碍，大米贸易成为两国经贸合作新的增长点。2014 年以来，中国来自柬埔寨的农产品进口额快速增加，中国对柬农产品贸易由顺差转变为逆差，逆差额 2016 年达到 1.22 亿美元。

由于两国气候差异大，中柬农产品贸易具有较强的互补性。2016 年，柬埔寨出口到中国的大米占其大米出口总量的 25%，中国成为柬埔寨大米最大的出口市场。根据农产品进出口额计算，中

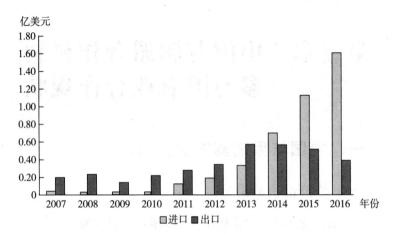

图 1-1 2007—2016 年中国与柬埔寨农产品贸易规模

数据来源：商务部《中国农产品进出口月度统计报告》，走出去智库（CGGT）整理。

国出口柬埔寨的农产品及加工制品主要包括饲料（19%），烟草（19%），制粉工业产品（16%），蔬果制品（13%），饮料、酒及醋

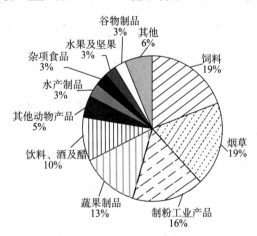

图 1-2 2016 年中国出口柬埔寨农产品及加工制品

数据来源：UN Comtrade 数据库，走出去智库（CGGT）整理。

（10%）等（图1-2）。中国从柬埔寨进口的农产品主要包括谷物（67%）、蔬菜（14%）、制粉工业产品（9%）、饲料（3%）等（图1-3）。

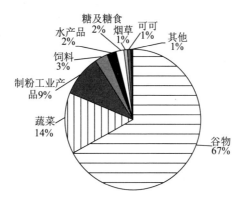

图1-3　2016年中国进口柬埔寨农产品

数据来源：UN Comtrade 数据库，走出去智库（CGGT）整理。

（二）农业投资合作情况

根据柬埔寨发展委员会（CDC）发布的《2017年柬埔寨投资报告》显示，2016年，中国对柬埔寨累计协议投资额为5.11亿美元，连续六年成为柬埔寨最大外资来源国。目前，中国对柬埔寨投资产业主要分布在纺织业、农业、矿业、金融业、服务业、通信和房地产等领域。

目前，中国与柬埔寨在农业领域的合作远不止农产品贸易的"买进卖出"，已经扩展到种植业、畜牧业、水产养殖业和农产品加工等诸多领域。合作方式包括人力资源开发、农业科技交流、小型境外示范项目及农产品贸易促进等。

部分中国企业在柬埔寨农业领域投资的项目（表1-1）。

表1-1 中国企业在柬埔寨投资的部分农业项目

境外投资企业（机构）	境内投资者	当地合作伙伴	投资内容	项目地址
柬埔寨天睿农业经济合作区有限公司	烟台天睿投资有限公司	柬埔寨农林渔业部	天睿（柬）农业经贸合作特区（集研发、培育、种植、收购、仓储、加工、销售、物流、服务等上中下游产业链一体化的"中柬国家级农业经贸合作区"项目）	金边
—	中粮集团有限公司（COFCO）	柬埔寨绿色贸易（Green Trade）公司	柬埔寨大米进口贸易合作	—
四川新希望农业（柬埔寨）有限公司	新希望六和股份有限公司	—	饲料生产公司	金边
广垦国际（柬埔寨）有限公司	广东广垦集团公司	—	以橡胶种植为主的农业综合开发	金边
绿洲农业发展（柬埔寨）有限公司	海南顶益绿洲生态农业有限公司	—	柬埔寨—中国热带生态农业合作示范区	桔井省
国宏柬埔寨实业有限公司	广西国宏经济发展集团有限公司	—	大米加工厂、香米种植基地、种子生产基地、中国（广西）—柬埔寨（暹粒）农业科技示范园等	暹粒

（续）

境外投资企业（机构）	境内投资者	当地合作伙伴	投资内容	项目地址
柬埔寨漳州现代农业产业园区有限公司	漳州柏森发展有限公司	—	现代农业产业园	特本克蒙省
美晶米业（柬埔寨）有限公司	山东中垦美晶米业有限公司	—	稻米产业综合开发项目	马德望省
柬埔寨恒睿现代农业有限公司	山东鲁睿商贸集团有限公司（与烟台蓝天投资开发有限公司共同投资兴建）	—	恒睿现代农业产业园	金边

资料来源：走出去智库（CGGT）根据公开信息整理。

二、中国与老挝农业合作现状

（一）农产品贸易情况

中老两国的农产品贸易是两国贸易的重要组成部分。随着2004 年中国与东盟《早期收获计划》的实施，2013 年"一带一路"倡议的提出及 2015 年中国与东盟新成员国间贸易保护期的结束，中国与老挝的农产品贸易取得了快速发展。

随着双边农产品贸易合作的不断深入，中老农产品贸易总额从2007 年的 0.13 亿美元扩大到 2016 年的 1.43 亿美元，年均增长30.53%（图 1-4）。中国对老挝农产品贸易长期处于逆差状态，且逆差额在不断增加。总体而言，目前中老农产品贸易规模仍非常小，老挝农产品出口处于较低水平，主要原因是老挝百姓发展农业仅为满足自己消费，少量剩余才向市场出售。因此，老挝农民和企业种植的农作物数量很少。

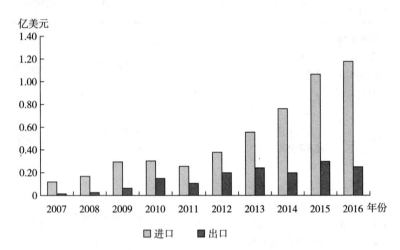

图 1-4　2007—2016 年中国与老挝农产品贸易规模

数据来源：商务部《中国农产品进出口月度统计报告》，走出去智库（CG-GT）整理。

2016 年，中老双边农产品贸易额增长了 40％，老挝大米对中国的出口额占农产品贸易额的 19.4％。根据农产品进出口额计算，中国出口老挝的农产品及加工制品主要包括烟草（73％），饮料、酒及醋（17％），蔬菜（4％），蔬果制品（3％）等（图 1-5）。中国从老挝进口的农产品主要包括谷物（59％）、制粉工业产品（15％）、油料与杂粮（11％）、活动物（8％）等（图 1-6）。

（二）农业投资合作情况

截至 2016 年底，中方对老挝直接投资存量为 54 亿美元，中国已经成为老挝最大外资来源国。中国企业在老挝的投资绝大部分投向了矿业、水电开发、农业和服务业等领域。根据中国商务部统计，2017 年 1～3 月，中国对老挝投资金额达到 33 495 万美元，同比增长 365.3％，老挝已成为中国在全球第八大投资目的国。

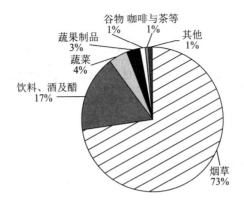

图 1-5 2016 年中国出口老挝农产品及加工制品

数据来源：UN Comtrade 数据库，走出去智库（CGGT）整理。

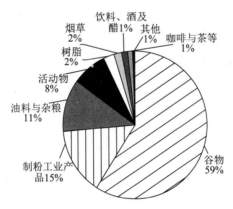

图 1-6 2016 年中国进口老挝农产品

数据来源：UN Comtrade 数据库，走出去智库（CGGT）整理。

中国企业在老挝的农业投资趋于多样化，涵盖农作物种植、林业、养殖业以及农林产品的加工和销售。地理位置上，中国投资者主要集中在老挝北部。重点开展橡胶、大米、甘蔗、玉米、木薯等作物的种植园项目。此外，云南企业是投资老挝农业的主力军。除地理位置优势的原因外，中国政府与邻国政府和地方组织自 20 世纪90年代以来在境外罂粟种植地区开展的"替代种植项目"也起到了很大的促进作用。

部分中国企业在老挝农业领域投资的项目（表1-2）。

表1-2 中国企业在老挝农业领域的部分投资项目

境外投资企业（机构）	境内投资者	当地合作伙伴	投资项目	项目地址
老挝云橡有限责任公司	云南农垦集团有限责任公司	—	老挝北部天然橡胶种植、加工、贸易	琅南塔、波乔、沙耶武里等省
老挝寨中红塔好运烟草有限公司	红塔集团	—	烟草生产	沙湾拿吉省
炫烨（老挝）有限公司	湖南炫烨生态农业发展有限公司（老挝大米在中国市场唯一的进出口商）	—	水稻示范型产业化生产基地，农林产品收购、加工和进出口贸易等	沙湾拿吉省
		老挝农林部	老挝现代生态农业产业园	万象
	四川中地安土壤修复技术有限公司	老挝高盛集团公司	中老有机富硒营养大米科技示范基地	沙耶武里省
老挝金穗农业有限公司	广西金穗农业集团有限公司	—	农业种植专属区，项目定位为香蕉、瓜类等农作物种植	乌多姆赛省勐昏县
老中联合投资有限公司	云南省海外投资有限公司	老挝万象市政府	老挝赛色塔综合开发区	万象

（续）

境外投资企业（机构）	境内投资者	当地合作伙伴	投资项目	项目地址
昌胜达咖啡种植和烘焙独资公司	云南昌胜达投资有限公司	—	生态咖啡园	丰沙里县
老中建大农业科技开发有限公司	云南建大农业科技开发有限公司	—	农业种植基地，主要种植香蕉、木瓜、火龙果等热带水果	老挝北部的 6 个省 11 个县

资料来源：走出去智库（CGGT）根据公开信息整理。

三、中国与缅甸农业合作现状

（一）农产品贸易情况

中国和缅甸是中国—东盟自贸区成员国，中国是缅甸最大的贸易伙伴、出口市场和进口来源国。近年"一带一路"和孟中印缅经济走廊国家战略的提出为中缅两国农业合作提供了重要机遇。

目前，中缅农产品贸易规模较小，双边农产品贸易总额占中国农产品贸易总额的比重仅为 0.3%。但从双边农产品贸易额的绝对值来看，随着经济的发展和农业市场的不断开放，中缅农产品贸易规模日益扩大，贸易总额从 2007 年的 1.43 亿美元扩大到 2014 年的 5.94 亿美元，年均增长 28.5%。2013 年以来，中国对缅甸农产品出口快速增加，农产品贸易由逆差转变为顺差，2014 年顺差额达到 2.39 亿美元。不过，2015—2016 年，中缅农产品贸易额比 2014 年有所缩减，主要原因是中国对缅甸的出口减少（图 1-7）。

中缅农产品贸易具有较强的互补性，中国出口农产品主要为初级加工品，而进口农产品多为农产品原材料。根据农产品进出口额计算，中国出口缅甸的农产品及加工制品主要包括水果与坚果

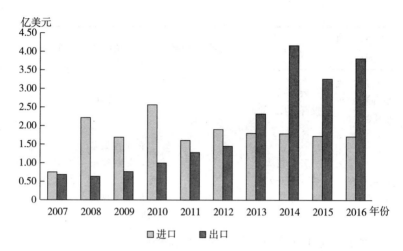

图 1-7　2007—2016 年中国与缅甸农产品贸易规模

数据来源：商务部《中国农产品进出口月度统计报告》，走出去智库（CG-GT）整理。

（39％），杂项食品（14％），咖啡与茶等（9％），饮料、酒及醋（8％），烟草（6％）等（图 1-8）。中国从缅甸进口的农产品主要

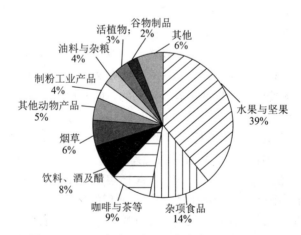

图 1-8　2016 年中国出口缅甸农产品及加工制品

数据来源：UN Comtrade 数据库，走出去智库（CGGT）整理。

包括谷物（30%）、油料与杂粮（29%）、水产品（16%）、水果及坚果（11%）、蔬菜（9%）等（图1-9）。

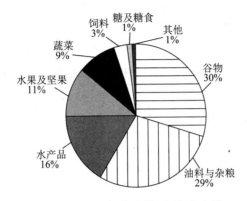

图1-9　2016年中国进口缅甸农产品

数据来源：UN Comtrade数据库，走出去智库（CGGT）整理。

（二）农业投资合作情况

中国是缅甸的第一大贸易伙伴。据缅甸投资与公司管理局统计，截至2017年5月，在所有对缅投资国家和地区中，中国以总投资额180亿美元位居首位，共有183个已批准投资项目。中国对缅的投资额占缅甸吸收外资总额的26%，排在首位，新加坡和泰国分列第二、三位。目前，中资企业在缅甸的主要投资方式为设立独资或合资公司，投资领域主要集中在油气资源勘探开发、油气管道、水电资源开发、矿业资源开发及加工制造业等领域。

农业领域虽是缅甸重点发展的经济领域，但目前该领域外商投资额很小，仅占外商投资总额的0.51%，其中气候异常，疾病传播，瓜果市场得不到保障，稻米加工厂、电力和交通等基础设施落后是主要原因。

中国企业在缅甸农业领域投资的形式主要可以分为四类：一是国有企业的大型农业投资项目；二是国有企业与缅甸政府间的战

略/技术合作示范项目；三是私营企业的中小型投资项目，主要种植销回中国的水果和农作物；四是云南省的私营和国有企业在中缅边境开展的罂粟替代种植项目（即通过种植橡胶、水果等经济作物及其他产业替代罂粟种植）。

部分中国企业在缅甸农业领域投资的项目（表1-3）。

表1-3 中国企业在缅甸农业领域投资的部分项目

境外投资企业（机构）	境内投资者	当地合作伙伴	投资项目	项目地址
缅甸北大荒投资有限公司	北大荒和久粮食加工集团有限公司	金稻国际贸易有限公司（Shwe Sapar Int'l Trading Co. Ltd）	粮食种植生产基地（种植水稻、玉米等）	缅甸曼德勒市
缅甸北大荒畜牧产业有限公司	北大荒和久粮食加工集团有限公司	缅甸金源国际有限公司（Shwe Ying Trading Int'l Co. Ltd）	肉牛养殖园（肉牛繁殖、育肥、屠宰、加工、冷链、物流一体化园区）	缅甸内比都市
—	中信建设有限责任公司	缅甸农业公营公司、缅甸大米协会	缅甸农业综合服务中心项目（项目总投资约4亿美元，包括相关的种业、烘干、加工、仓储、农机培训等）	缅甸全境9个州和行政区划中的33个镇
—	云南省海外投资有限公司	缅甸伊洛瓦底省农业与畜牧养殖部	缅甸大米增产加工出口项目	伊洛瓦底省

（续）

境外投资企业（机构）	境内投资者	当地合作伙伴	投资项目	项目地址
—	中粮集团有限公司（COFCO）	缅甸农业与灌溉部	木薯示范种植项目	仰光郊区
—	云南保山康丰糖业有限公司	缅甸克钦邦第一特区政府	木薯种植（罂粟替代种植项目）	克钦邦第一特区
—	云南临沧南华晶莹糖业有限公司	缅甸掸邦第一特区政府	木薯、红薯、甘蔗种植（罂粟替代种植项目）	掸邦第一特区
—	云南省国营孟连农场	缅甸掸邦第二特区政府	橡胶种植（罂粟替代种植项目）	掸邦第二特区
—	云南省西双版纳东风农场	缅甸掸邦第四特区政府	橡胶种植（罂粟替代种植项目）	掸邦第四特区
—	云南金晨投资公司	缅甸掸邦第二特区（佤邦）萨尔温江开发有限公司	橡胶种植（罂粟替代种植项目）	掸邦第二特区（佤邦）萨尔温江

资料来源：走出去智库（CGGT）根据公开信息整理。

四、中国与泰国农业合作现状

（一）农产品贸易情况

近年来，中国与泰国农产品贸易总体呈增长趋势。2016 年，中国与泰国农产品贸易总额 78.6 亿美元，较 2002 年增长 12 倍，比 2015 年的最高值降低 10.2 亿美元（图 1 - 10）。2016 年，中国对泰国农产品进口额 43.2 亿美元，较 2002 年增长 8.9 倍，农产品出口额 35.3 亿美元，较 2002 年增长 19.9 倍。总体看，中国对泰国农产品进口额大于出口额，处于贸易逆差地位，但近两年变化较大。具体看，2002—2014 年中国对泰国农产品贸易逆差整体呈扩大趋势，2014 年达到峰值 22.3 亿美元。2015 年中国对泰国农产品出口额激增，贸易逆差缩小至 12.5 亿美元，2016 年中国对泰国农产品进口额大幅下降，贸易逆差继续缩小为 7.9 亿美元。

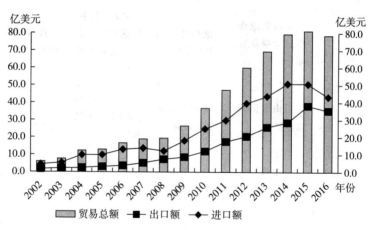

图 1 - 10　中国与泰国农产品贸易额

数据来源：UN comtrade 数据库，走出去智库（CGGT）整理。

中泰农产品贸易的商品结构较为集中。中国对泰国出口以水产品、水果、蔬菜为主（图 1 - 11）。2016 年，三类产品出口额为 11.0 亿美元、10.5 亿美元、5.7 亿美元，分别占中国对泰国农产品出口总额的 31.1%、29.6% 和 16.2%。值得关注的是，中泰两国畜产品贸易增长较快，2016 年中国对泰国出口额 2.2 亿美元。泰国国内肉牛需求旺盛，年均消费量超过 60 万头，中泰两国地理位置相近，运输成本较低，中国云南省向泰国年出售活牛达 10 万头，活牛贸易日益升温。

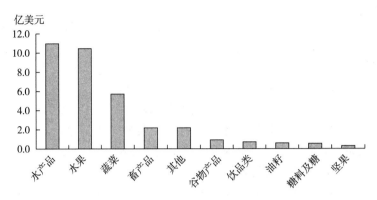

图 1-11　2016 年中国对泰国出口主要农产品及金额
数据来源：UN comtrade 数据库，走出去智库（CGGT）整理。

中国自泰国主要进口水果、薯类和谷物产品。2016 年，三类产品进口额为 12.3 亿美元、11.4 亿美元、5.7 亿美元，分别占中国对泰国农产品进口总额的 28.5％、26.4％和 13.2％（图 1-12）。目前，中国已成为泰国最大的水果出口市场。

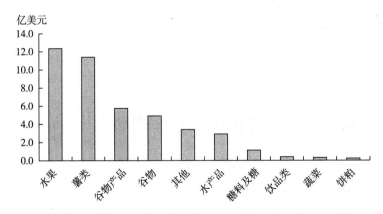

图 1-12　2016 年中国对泰国进口主要农产品及金额
数据来源：UN comtrade 数据库，走出去智库（CGGT）整理。

（二）农业投资合作情况

泰国是中国在东盟的重点投资国之一，近年来中国对泰国投资迅速增长。根据中国商务部统计，2016 年，中国企业对泰直接投资流量 11.2 亿美元，比 2008 年增长 23.5 倍，年均增长 149.2%，占中国对外直接投资流量的 0.6%，排在中国对外直接投资目标国的第 19 位。截至 2016 年底，中国对泰国直接投资存量为 45.3 亿美元，比 2008 年增长 9.4 倍，占中国直接对外投资存量的 0.3%。从投资领域看，中国对泰国投资主要集中在制造业、通信工程、电力工程和城市轨道交通建设等方面。

泰国是世界上最大的天然橡胶生产国和出口国。中国对泰国的农业投资主要集中在天然橡胶种植、加工领域。以中国广东省农垦集团（简称"广垦集团"）为例，2005 年以来广垦集团通过收购、并购、合资经营、独资经营等方式在泰国多地运营天然橡胶加工项目。2005 年，广垦集团在泰国沙墩府收购一家当地橡胶加工厂，成立广垦橡胶（沙墩）有限公司；2006 年，在泰国董里府与泰方合资建设广垦橡胶（董里）有限公司乳胶加工厂；2010 年 8 月，在泰国乌隆府筹建年产 5 万吨橡胶加工厂；2011 年 12 月，在泰国南部苏拉府独资新建年产 4 万吨泰国标准胶的广垦橡胶（泰南）有限公司泰国标准胶加工厂，并于 2014 年建成投产；2015 年，广垦集团与泰国橡胶行业排名第三的泰华公司签订并购合作备忘录，并于 2016 年完成对泰国泰华公司的并购工作。

五、中国与越南农业合作现状

（一）农产品贸易情况

近年来，中越经贸关系发展迅速，中国已连续 13 年成为越南第一大贸易伙伴。随着"一带一路"倡议的推进和中国—东盟自贸区建设的加快，中国同越南的经贸关系日益密切，农产品贸易不断发展。

双边农产品贸易合作不断深入，中越农产品贸易总额从 2007

年的 9.35 亿美元扩大到 2016 年的 67.07 亿美元，年均增长
24.48％（图 1 - 13）。此外，2013 年以来双边农产品进出口额均处
于持续增长态势，越南对华出口的农产品现已占中越边境贸易额的
50％。2007—2016 年，中国对越南农产品贸易顺差波动较大，呈
现出不规律的变化趋势。

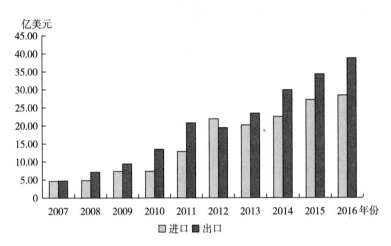

图 1 - 13　2007—2016 年中国与越南农产品贸易规模
数据来源：商务部《中国农产品进出口月度统计报告》，走出去智库（CG-
GT）整理。

　　中国是越南农产品第一大出口市场，越南也成为中国市场上大
米、木薯、热带果蔬等多种商品的第一大进口来源地。中越两国农
产品贸易互补性较强，根据中国商务部统计数据，2016 年中国农
产品出口贸易中，越南位列中国茶叶、大蒜、柑橘属水果、玉米等
商品的前三大出口市场之一；而在中国农产品的进口贸易中，越南
也是稻谷和大米的第一大来源地。按农产品进出口额计算，2016
年中国出口越南的农产品及加工制品主要包括蔬菜（41％）、水果
与坚果（23％）、饲料（7％）、咖啡与茶（5％）、蔬果制品（4％）
等（图 1 - 14）。中国从越南进口的农产品主要包括谷物（26％）、
水果与坚果（23％）、咖啡与茶（12％）等（图 1 - 15）。

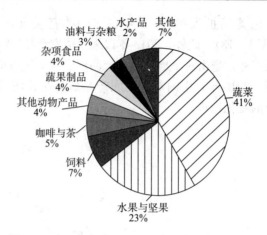

图 1 - 14　2016 年中国出口越南农产品及加工制品

数据来源：UN Comtrade 数据库，走出去智库（CGGT）整理。

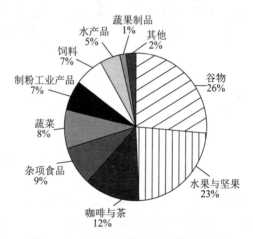

图 1 - 15　2016 年中国进口越南农产品

数据来源：UN Comtrade 数据库，走出去智库（CGGT）整理。

（二）农业投资合作情况

近年来，中越两国投资合作进入快车道，根据中国商务部数据显示，截至 2017 年 9 月，中国对越南各类投资累计约 150 亿美元，其中 2016 年新增投资约 12.8 亿美元，同比增长 130%。中国投资者在越南的投资领域主要集中于加工制造业、房地产和建筑行业。

尽管农业是越南的主要支柱产业，但外商对该领域的投资不多。越南农村基础设施薄弱、各地方法规政策缺乏稳定性等是外商投资越南农业的主要障碍。值得注意的是越南政府目前鼓励外商投资越南农业，在税收、土地使用等方面出台了优惠政策。

部分中国企业在越南农业领域投资的项目（表 1-4）。

表 1-4　中国企业在越南农业领域投资的部分项目

境外投资企业（机构）	境内投资者	当地合作伙伴	投资项目	项目地址
新希望（胡志明市）有限公司				胡志明市
新希望（河内市）有限公司	新希望六和股份有限公司	—	饲料生产、销售	河内市
新希望同塔水产饲料有限公司				同塔省
隆平高科越南公司	袁隆平农业高科技股份有限公司	—	杂交水稻农业技术合作项目	
越南特驱希望饲料有限公司	四川特驱投资集团有限公司	—	饲料生产	北江省
—	广西农垦明阳生化集团		生产木薯变性淀粉及配套项目	平定省归仁市
越隆农业开发联营公司	天津天隆农业科技有限公司	越南越庄公司	杂交水稻应用与推广	—

资料来源：走出去智库（CGGT）根据公开信息整理。

第二章 柬埔寨农业投资合作机遇与实务指南

一、柬埔寨农业发展现状与未来趋势

(一)地区资源禀赋

柬埔寨位于亚洲中南半岛南部,东部和东南部接壤越南,东北部与老挝交界,西部和西北部与泰国毗邻,西南邻接暹罗湾。湄公河自北向南贯穿柬埔寨全境,海岸线长约 460 千米。柬埔寨人口约 1 500 多万,人口分布很不均衡,主要集中在中部平原地区。柬埔寨 78% 的人口居住在农村地区,接近一半的劳动力人口从事农业活动(2014 年)。

柬埔寨属于热带季风气候,全年分两季:5~10 月为雨季,11 月至次年 4 月为旱季,年平均气温 24℃。年均降水量为 2 000 毫米,90% 集中在 5~10 月。

柬埔寨自然资源丰富,种类多样,生产柚木、铁木、黑檀和白卯等高级木材,并有多种竹类。木材储量约 11 亿多立方米,森林覆盖率 61.4%,主要分布在东、北和西部山区。矿藏主要有石油、天然气、磷酸盐、宝石、金、铁及铝土等。柬埔寨水资源丰富,洞里萨湖为东南亚最大的天然淡水湖,有"鱼湖"之称。西南沿海也是重要渔场,多产鱼虾,但近年来由于生态环境失衡和过度捕捞等原因,水产资源减少。

(二)农业发展现况

农业是柬埔寨国民经济的支柱产业,农业生产总值占国内生产总值的 29% 左右。柬埔寨主要的作物为水稻、玉米和橡胶等。同时，柬埔寨政府鼓励对农业、农产品多样性和灌溉节水等方面的投资。尽管存在基础设施和技术落后、资金和人才匮乏、土地私有制问题等制约因素，但柬埔寨农业资源丰富、自然条件优越、劳动力充足、市场潜力较大、农业经济效益良好，因此柬埔寨农业发展前景广阔。

水稻是柬埔寨的主要作物，2016 年柬埔寨水稻的产量超过 800 万吨，出口量约为 54 万吨。2016 年的极端天气并未对柬埔寨水稻产量造成很大的影响，产量仍有所上升，2016/2017 种植年度的水稻种植面积仍然增加，预计产量也会有 2％的提升。此外，中国是柬埔寨大米最大的出口目的国，2017 年上半年柬埔寨对中国出口大米 9.742 万吨，占出口总量的 32％。但是，由于柬埔寨在种植效率和脱水技术等方面的限制，加之碎米率高，加工过程中脱壳后损失的重量多，柬埔寨大米出米率仅 60％。

玉米也是柬埔寨的重要作物之一。有两种，一种是供人食用的玉米，约占总产量的 15％；另一种是用作饲料的玉米，占据了绝大部分的产量。2016 年玉米产量约为 41 万吨。柬埔寨的玉米产量大部分用于国内消耗，其余的主要出口到泰国和越南。近几年由于南美玉米价格的下降，导致柬埔寨玉米进口价格低于国内自产价格，这使得该国许多磨坊进口玉米以满足需要，而不是从当地的小型玉米生产者处购买。

除了上述两种作物之外，柬埔寨还有其他的经济和粮食作物，例如橡胶、蜀黍、木薯、蔬菜等，但水稻仍然是柬埔寨政府优先鼓励发展的主要作物。

（三）农业发展机遇

由于柬埔寨对大米生产的鼓励和优先政策，水稻预计仍然会是柬埔寨未来优先发展的作物，同时政府也鼓励生产和技术改善方面的投资。由于中国目前是柬埔寨大米的主要出口目的国之一，从另一个角度促进了水稻种植在柬埔寨的良好发展。

柬埔寨的农业技术水平较为落后，因此发展高质量种子、肥料，新技术和新设备能够极大地提高其农作物产量。同时柬埔寨政府对农产品材料和设备免除进口税以鼓励农业发展的政策也有利于农产品设备进入柬埔寨市场。此外，近几年增加的大型农场也为设立食品加工工厂提供了有利条件。

但是，在柬埔寨从事商业活动仍然面临着基础设施落后、运行成本较高、电力水利资源不足等问题。2004 年以来，柬埔寨把对基础设施的建设、改善列为"四角战略"的重要任务之一，加快恢复和重建的步伐。目前，以公路和内河运输为主的交通网络已取得很大进步。同时，柬埔寨过去 20 年经济发展状况良好，各行业发展态势稳定。近年来，柬埔寨经济年均增速为 7％以上，据世界银行的数据，截至 2016 年柬埔寨国内生产总值（GDP）为 200 亿美元，人均 GDP 为 1 265 美元。世界银行 2017 年 10 月出版的报告预测，柬埔寨 2017 年国家经济增长率为 6.8％，2018 年为 6.9％，中国经济增长减慢以及 2018 年柬埔寨大选成为柬埔寨经济发展的不确定性因素。

二、柬埔寨农业投资风险分析

（一）柬埔寨投资风险的国际评价

1. 基础设施

柬埔寨作为联合国确定的世界最不发达国家之一，基础设施十分落后，产业配套支持不足。根据 2017—2018 年度世界经济论坛全球竞争力指数（The global competitiveness index，GCI）排名，柬埔寨的基础设施在 137 个国家中位列第 106 名。

公路运输是柬埔寨最主要的运输方式，占客运总量的 65％，货运总量的 69％。公路设施在 137 个国家中排名第 99 位，目前全国公路通车里程仅 5.3 万千米，且一半以上为农村土路，无高速公路，金边至西哈努克港首条高速公路有望在 2020 年竣工；铁路设施排名第 94 位，目前铁路仅有南北两条线，总长 655 千米，均为单线米轨；柬埔寨空运主要为客运，货运不发达。机场设施较落后，排名第 106 位；港口设施排名第 81 位。

柬埔寨的供电能力排名第 106 位；每百人中移动电话用户数量排名第 52 位；每百人中固话用户数量排名第 115 位。柬埔寨电力紧缺，电价高昂，严重依赖进口。

2013 年 9 月新成立的柬埔寨王国第五届政府发布了《四角战略第三阶段政策》，确定了此后五年的四大优先发展领域，其中包括继续投资基础设施建设、特别是加大对交通基础设施的投入。2017 年 8 月，柬埔寨政府审议通过了《2018—2020 年公共投资项目》，指出此后三年政府将投入 54.17 亿美元，其中，涉及社会福利项目占 15.3%，经济领域项目占 44%，基础设施建设占 26.9%，服务和其他领域占 13.8%。柬政府表示《2018—2020 年公共投资项目》的制定，有助于确保柬经济增长率维持在 7% 的水平，从而更有效地消除贫困。

2. 经商便利程度

柬埔寨洪森政府确定了融入国际社会、争取外援发展经济的对外工作方针，加强同周边国家的睦邻友好合作，改善和发展与西方国家和国际机构关系，争取国际经济援助。

柬埔寨实行开放的市场经济政策。据美国传统基金会 2017 年度经济自由度指数排名，柬埔寨居第 94 位。在亚太地区 42 个国家中排名第 20 位，低于地区平均水平。

据世界银行和国际金融公司发布的《营商环境报告 2018》(Doing Business 2018)，柬埔寨的经商便利程度在 190 个国家中，排名第 135 位，相较于 2017 年下降 4 位。

世界银行的《营商环境报告》每年更新，从以下 10 个方面对各国经营者遵守一国的法律和行政要求所需的相对时间、成本和难易程度进行衡量（括号中的名次是《营商环境报告 2018》中柬埔寨在 190 个国家中的排名）。

- 设立企业便利程度（第 183 位）；
- 获得建设许可便利程度（第 179 位）；
- 获得电力供应便利程度（第 137 位）；

- 财产注册便利程度（第 123 位）；
- 获得信贷便利程度（第 20 位）；
- 投资者保护力度（第 108 位）；
- 缴税便利程度（第 136 位）；
- 跨境贸易便利程度（第 108 位）；
- 执行合同便利程度（第 179 位）；
- 破产处理便利程度（第 74 位）。

与 2017 年相比，柬埔寨上述几个方面得分各有升降，除了获得信贷便利程度下降 13 位，缴税便利程度下降 12 位，其他项目的变化幅度都不大。

同属东亚和太平洋地区（East Asia & Pacific）的马来西亚经商便利程度在 190 个国家中排在第 24 位，泰国第 26 位，越南第 68 位，印尼第 72 位，中国第 78 位，菲律宾第 113 位，老挝第 141 位。

3. 腐败

柬埔寨作为最不发达国家之一，贪腐问题十分严重，腐败问题被世界经济论坛评为影响柬埔寨投资环境最重要的问题。

根据透明国际组织（Transparency International）公布的 2016 年"全球廉洁指数"（Corruption Perceptions Index，CPI）国家排名，在 176 个国家中，柬埔寨排名第 156 位，为倒数第 21 名，得分 21 分（满分 100 分，得分越高，公共部门腐败程度越低），其所处的亚太地区的平均得分为 44 分。176 个国家中，丹麦与新西兰（90 分）廉洁程度排名并列第 1 位，芬兰（89 分）排第 3 名。索马里位于末位（得分为 10 分）。

柬埔寨在 2014 年和 2015 年的该项排名分别为第 156 名、第 150 名，2016 年柬埔寨为东南亚地区最腐败国家的第 1 名，属于严重贪腐国家。

4. 政治/安全风险

柬埔寨人民党长期执政，经验丰富，但反对党通过联合，力量得到增强，对人民党形成了一定威胁。2013 年 7 月大选，人民党以较小优势胜出，其政局预期仍将保持稳定。同时，柬埔寨始终奉行独立、和平、永久中立和不结盟的外交政策，和邻国以及西方国家关系稳定。虽然与泰国的领土纠纷带来了一些外部压力，但影响有限。此外，由于柬埔寨属于最不发达国家之一，贫困、腐败问题在一定程度上影响社会稳定。

柬埔寨经济高度美元化，结构单一，财政长期赤字，依赖外部援助和债务减免，但其外债偿付压力较低。柬埔寨所有行业均对外资开放，但行政效率低，法律执行能力弱，营商环境总体欠佳。

柬埔寨是大陆法系国家，其法律体系仍在不断完善和发展之中，出于吸引外资加快经济建设的渴望，政府致力于推动法制建设，加入WTO很大程度上促进了其法律法规的进一步完善。

根据《2016全球风险地图》（Risk map 2016 Report）的评估，柬埔寨政治风险为中等风险，安全风险为中等风险。

（1）政治风险

《2016全球风险地图》通过评估以下因素以评价一国政治风险。

评估因素

国家主体：本国和外国政府、国会、司法和监管部门、中央和地方行政机构、安保力量。

非国家主体：叛乱团体、劳动力群体、活动组织、游说群体、其他公司、有组织犯罪团体和国际组织。

社会和结构性因素：腐败、基础设施、设立和维持正常经营企业的难易程度，以及该国官僚政治和商业经营文化。

影响公司经营的因素包括：司法的不确定性、腐败、名誉损坏、征收和国有化、契约执行的不确定性、国际制裁、官僚主义导致的迟延、契约执行和招投标过程中的偏私，以及活动和抗议的影响。

评估等级

基本无风险：该国的经商政治环境良好。

低风险：该国政治和公司经营环境总体良好，偶尔出现的和/

或低层级问题并不能显著影响公司经营。

中等风险：尽管企业运营总体环境良好，但是仍然存在显著挑战。

高风险：该国政治和公司经营因素对公司造成持久而严重的影响。

严重风险：该国公司经营环境恶劣。

（2）安全风险

《2016 全球风险地图》通过评估以下因素来评价一国安全风险。

评估因素

相关利益方包括：政治极端主义分子、直接行动组织、保安部队、外国军队、叛乱组织、小规模和有组织罪犯、抗议者、劳动者群体、当地社区、土著群体、腐败官员、生意合作伙伴和国内公司管理层和员工。

影响公司的安全风险包括：战争破坏、盗窃、人身伤亡、绑架、财产损失、公司信息失窃、敲诈、欺诈、公司经营失控，由恐怖袭击、恐吓或官方反恐行动造成的公司建筑或重要基础设施受损、无法进入，以及由此造成的营业中断。

评估等级

基本无风险：该国的经商安全环境良好。

低风险：该国安全环境总体良好，且偶尔出现的和/或低层级问题并不能显著影响公司经营。

中等风险：该国部分环境安全因素会对公司营业造成影响，这些影响可能是严重的。

高风险：该国的环境安全因素对公司造成持久而严重的影响，需要该国采取特殊措施。

严重风险：该国公司经营安全状况恶劣，乃至达到公司无法维持的程度。

（二）在柬埔寨投资的主要风险因素

在经历了数十年的内部冲突后，柬埔寨已成为东南亚地区发展最快的市场之一。投资者可以享受劳动力充足、工资成本较低和对外资开放等优势，这使得柬埔寨成为具有吸引力的投资目的地。但是，投资柬埔寨也面临着许多风险，例如教育水平低、运输网络欠发达和地方腐败问题。这些风险很大程度上抵消了柬埔寨的增长潜力。

1. 贸易和投资风险

柬埔寨的贸易和投资潜力因外国投资限制而受到影响。投资资金大多流入到制造行业，但柬埔寨大量的自然资源未得到充分开发。薄弱的司法体系以及地方腐败问题提高了投资风险。柬埔寨市场也受到资本不足的影响，企业在尝试获得贷款或其他方式的融资服务时将面临极大的挑战。

2. 犯罪和安全风险

柬埔寨计划于 2018 年进行的选举加剧了当前紧张的政治局面。面对民众支持度的日益降低，柬埔寨人民党继续利用其在政府的强势地位通过各种举措削弱其反对党。尽管目前权力的巩固在某种程度上减少了短期内发生暴力的可能性，但是对于柬埔寨的中长期稳定将产生消极影响。同时，由于柬埔寨的安保力量集中于镇压反对者，对于商业活动和外国投资的安全保障不足，使其面临着潜在的危险。此外，法律执行能力的局限性也加剧了犯罪风险，进而导致投资者的安保成本增加。

3. 物流风险

受柬埔寨欠发达的交通和公用基础设施的影响，在柬埔寨的投资者面临着重大的运营风险。数十年的冲突破坏了柬埔寨的公路和铁路网，在冲突结束后，柬埔寨试图为境内基础设施建设寻找大型投资，不过要建成全面发达的基础设施仍有待时日。因此，受残缺的道路和铁路网的影响，商业活动将面临供应链延期、水质量低下和互联网受限等重大风险。此外，由于依赖进口导致高额的燃料和电力成本，输电供电线路老化使断电问题频发。

4. 劳动力市场风险

柬埔寨日益增长的人口态势以及大多数劳动年龄人口具有正式的劳动关系这一事实，对柬埔寨的商业活动是有利的。由于柬埔寨劳动力受教育程度低，并且工资和劳动税收等成本较低，柬埔寨是许多国际品牌服饰和纺织工厂所在地。但是，由于劳动力受教育水平低和大量人口的迁出意味着专业人员数量稀少，公司对拥有高技术和相应技术资格劳动力的需求则主要依靠劳务输入。愈来愈多的商会政治化和时有发生的劳动力罢工也造成了额外的风险。

三、柬埔寨农业投资合作实务指南

（一）产业准入与监管

1. 外国投资限制

外国投资在柬埔寨通常受到普遍的欢迎和鼓励。也正因如此，柬埔寨对外国投资进行的限制非常之少。1994 年《柬埔寨王国投资法》（2003 年修订）是规范管理外国和国内投资的法律。该法律规定不得仅因其来自外国而对外国投资者有任何歧视性的待遇。尽管如此，该法对投资于若干行业领域的外国投资依然设有一定的条件限制或须获得当局的预先核准。须受制于一定条件或预先核准的重要行业领域包括：

- 卷烟生产；
- 电影制作；
- 酒类生产；
- 涉及土地所有权的活动；
- 典当业；
- 药品进出口；
- 宝石开采及加工；
- 出版和印刷；
- 广播和电视。

此外，根据《111 号次级法令—有关投资法修正案的实施》（Sub-Decree 111 on the Implementation of the Law on the Amendment to the Law on Investment），禁止在以下行业领域进行任何投资（包括外国投资和柬埔寨投资）：

- 精神药物和麻醉药品的生产/加工；
- 国际协定和世界卫生组织所禁止的有毒化学物质、农业杀虫剂和其他化学品的生产；
- 通过使用任何进口废物进行电力生产/加工；
- 《森林法》明令禁止的林业开发业务；
- 法律禁止的其他投资活动。

禁止外国公司或由外国股东控制（持有公司资本 50％或以上）的柬埔寨公司在柬埔寨拥有土地。

2. 外国投资激励

根据柬埔寨法律，外国投资者有权基于与柬埔寨国内投资者相同的条件获得资助和税收优惠。《柬埔寨王国投资法》规定，合格的投资项目可选择免征利润税或者享受特殊折旧（special depreciation）。对于生产设备、施工材料、生产投入的进口，合格的投资项目可以享受免税政策（仅用于出口商品的生产投入可免征进口税），以及为外国管理人员、技术人员和熟练工人获得签证和工作许可证。

在经济特区（SEZ）投资的外国投资者有权获得额外的奖励。例如，可以享受暂时的所得税豁免以及永久的最低税和关税豁免，以及对边境 20 公里范围内的经济特区免征增值税并给予进出口程序方面的特惠。在农业和农用工业领域也推行额外的激励措施。

在 111 号次级法令（Sub-Decree 111）中列出了不享受激励措施的投资项目。在 46 个领域内的投资不得享受激励措施。这些重要行业领域包括：

- 各种商业活动、批发、零售和免税商店；
- 不包括铁路部门在内的运输服务业；
- 餐馆、卡拉 OK 厅、酒吧、夜总会、按摩院和健身会所；

- 旅游服务；
- 博彩业；
- 货币和金融业务；
- 新闻和媒体；
- 专业服务；
- 木材产品、烟草的生产和加工；
- 三星级以下酒店；
- 房地产开发；
- 对门槛为 10 万～800 万美元不等的特定领域的投资；
- 电信服务（仅享有关税豁免资格）；
- 天然气、石油和所有种类的矿产勘探（仅享有关税豁免资格）。

其中，涉及农业、畜牧业、水产、林场等领域不得享受投资优惠的项目包括：[①]

农业：1 000 公顷以下的水稻种植项目；500 公顷以下的经济作物种植项目；50 公顷以下的蔬菜种植项目。

畜牧业：1 000 头以下的家畜养殖项目；100 头奶牛以下的奶牛场；1 万只以下的家禽养殖项目。

水产业：5 公顷以下的淡水养殖项目；10 公顷以下的海水养殖项目。

人工林、林场及野生动物养殖：1 000 公顷以下人工林；200 公顷以下林场；100 头以下野生哺乳动物养殖；500 只以下野生鸟类养殖；1 000 头以下野生爬行动物养殖。

水产、谷物、农作物冷冻及加工出口：投资额在 50 万美元以下的水产冷冻及加工出口项目；投资额在 50 万美元以下的谷物及农作物加工出口项目。

---

① 中国商务部驻柬埔寨经商参处．http：//cb. mofcom. gov. cn/article/ddfg/200612/20061203918108. shtml。

（二）劳动就业要求

1. 外籍员工

外国公民在柬埔寨工作必须获得工作签证。此外，所有在柬埔寨从事无偿或临时工作的外国人也必须获得工作许可证。适用于大多数员工的程序如下：

- 各外籍员工申请并获得商务签证，有效期为入境柬埔寨后一个月。雇主必须提交必要的文件（包括书面劳动合同），以便内政部（以下简称"MOI"）向外国人发放长期签证（E 类常规签证或通常称为商务签证）；

- 外籍员工抵达柬埔寨以后，雇主提出申请并从柬埔寨劳动和职业培训部获得工作许可证；

- 工作许可证的申请过程通常需要 4～6 个星期。但处理时间可能延长至 8 个星期；

- 各外籍员工在劳动和职业培训部的医疗单位进行体检。体检费用由雇主承担；

- 一家公司中的外籍员工比例最多仅允许占公司全部雇员的10%。外籍办公室职员可最多占全部雇员的 3%，专业外籍员工可最多占全部雇员的 6%，非专业外籍员工可最多占全部雇员的 1%。如果无法在柬埔寨雇佣到掌握某些特殊技能的雇员，上述外资员工配额可以由劳动和职业培训部决定增加。所有后续配额申请必须在每年 11 月 30 日之前提交，收到批准后一年内不可更改；

- 未能获得适当的工作许可证的外籍员工最高可被罚款720 000瑞尔，并需为未获得工作许可的年份每年支付 400 000 瑞尔。该项罚款由雇主承担，除非在劳动合同中已约定取得工作许可证是员工的责任；

- 工作许可证的有效期仅一年，至许可证发出当年的 12 月 31日失效。外国人的工作许可证必须每年更新一次。延长工作许可证，雇主和每位外籍雇员必须在每年 3 月 31 日之前向劳动和职业培训部或地方劳动和职业培训部门申请延期；

• 外籍员工也必须申请并获得居留许可证。

2. 劳动合同形式

无固定期限劳动合同可以采取口头或书面形式。如非书面形式，则劳动合同的条件由劳动法规自动确定。固定期限合同必须以书面形式。如非书面形式，则劳动合同自动转化为无固定期限劳动合同。

柬埔寨的劳动合同必须由柬埔寨的法律管辖。劳动合同的条款必须符合《劳动法》的要求。与《劳动法》的强制性规定相抵触的内部规定均属无效，且雇员可申请强制执行其在《劳动法》下的权利。

劳动合同有效期可为无固定期限或固定期限。如果未在合同中指定，则其有效期被认定为无固定期限。

一般员工的试用期不得超过 3 个月，专业员工的试用期不得超过 2 个月，非专业员工的试用期不得超过 1 个月。在此期限内，试用期不得长于雇主用以确定员工的专业价值，以及员工用于具体了解所提供的工作条件所需的时间。

员工可同时与一个以上的雇主确立劳动关系，只要后一份劳动关系不伤害前一份劳动关系，或与前一份劳动关系形成竞争。

3. 工会

员工有权组织和加入其自己选择的工会。通过劳动和职业培训部的登记后，工会可以得到柬埔寨法律的承认。公务员无权组织或加入工会。

雇主不得干涉工会，并且不得试图将工会置于雇主的控制之下。工会有权罢工进行集体谈判，有权在法庭起诉，有权签署合同等。

2016 年 5 月 17 日颁布的《工会法》中关于职工代表资格的规定相较于《劳动法》的原有规定发生了重大变化。根据《工会法》的规定，年满 18 周岁、具有 3 个月的工作资历且能读写高棉语（附加资格）即有资格参选职工代表。职工代表候选人可以由地方工会提名，也可以自愿报名参加。法律规定运营 3 个月以上且雇佣

8 名以上职工的企业必须安排职工代表选举。

4. 薪酬

薪酬不应低于保证的最低工资标准。某些制造行业已设立最低工资标准，但在大多数其他业务领域里，并未受到监管。《劳动法》规定薪酬必须确保一名工人过上尊严体面的生活。雇主必须考虑工人及其家庭必需的生活费用和社会保障津贴，并使其达到与其他社会群体的生活水准相当的水平。

工资必须在工作时间内直接支付给雇员（除非雇员同意以其他方式），并签发工资单。如果工资支付日为休息日，应该于休息日之前进行支付。

5. 工作时间

工作时间不应超过每天 8 小时，或每周 48 小时。加班只允许用于特殊和紧迫的工作，并需要获得劳动检查员的事先许可。此外，加班需征得雇员的事先同意。加班工资应为正常工资的150%，在夜间或每周休息日加班的，加班工资为正常工资的200%。根据工作计划需进行轮班的，正常情况下，企业仅可安排两班，即早班和下午班。夜间（指包含 22 点至凌晨 5 点，且至少连续 11 小时的一段时间）工作需要按照上述加班工资标准支付。

6. 工作条件和假期

在柬埔寨工作条件受《劳动法》等各种法律管辖。《劳动法》所管辖的各项事务中包括禁止聘用 15 岁以下的童工，限制聘用 15岁以上童工，防止性骚扰和性虐待，并确保职工安全和卫生。

此外，根据柬埔寨法律，工人有权获得一定的福利。雇员每工作 1 个月可享受 1.5 天的年假，因此每年可享受 18 天的年假，每多工作 3 年则年假增加 1 天。

由合格医生认证的长期病假不得超过 6 个月，但可延长至有人接替生病员工的岗位为止。虽然柬埔寨《劳动法》并未要求雇主支付病假工资，但根据劳工部政策，在病假期间，雇主应按以下数额向病假员工发放工资：病假期间的第一个月按工资的100%发放，第二和第三个月按工资的60%发放，而第四个月以后不发放工资。

孕产员工有权享受 90 天的产假，如果雇员连续工作了一年或以上，则有权在产假期间获得 50% 的薪酬。在孩子出生的第一年，母亲有权享受每天 1 个小时的哺乳假，分为各 30 分钟的两个时段。

7. 裁员/解雇/劳动合同终止

（1）以下情况下，雇主可以终止雇员的劳动合同

- 与公司清算相关；
- 作为一般裁员的一部分；
- 当雇员实施严重的违法行为时，如：偷窃，欺诈行为，严重违反纪律、安全和卫生条例，威胁、辱骂或殴打其雇主或其他工作人员，煽动其他工人犯下严重的违法行为，在营业场所进行鼓动性宣传或示威；
- 雇员的其他不当行为；
- 雇员患有慢性疾病、精神错乱或永久残疾；
- 雇员被收监关押。

（2）终止劳动合同须符合下列程序要求

- 雇主必须给予雇员事先通知，如需提前解雇雇员，雇主须支付额外的补偿以代替通知；
- 欲终止固定期限达六至十二个月的合同的，须至少提前十天给予通知，欲终止固定期限达十二个月以上的合同的，须至少提前十五天给予通知；
- 少于六个月的无固定期限合同可以提前七天通知而予以终止。六个月至两年的无固定期限合同可以提前十五天通知而予以终止。两年至五年的无固定期限合同可以提前一个月通知而予以终止。五年至十年的无固定期限合同可以提前两个月通知而予以终止。十年以上的无固定期限合同可以提前三个月通知而予以终止。如因为严重违法行为而终止劳动合同，无需进行提前通知；
- 对于固定期限合同，雇主须向被解雇的雇员支付遣散费，其金额等于整个合同期间所支付的工资的 5%；对于六个月至一年的无固定期限合同，遣散费金额等于 7 天的工资；对于一年或以上的无固定期限合同，遣散费金额等于 15 天的工资。

注意：那些资历较高、在该营业场所工作时间较长以及家庭负担较重的雇员，享有保留其工作的优待权利。

（三）土地使用规定

1. 土地使用相关法律法规

2001 年《土地法》（2001 Land Law）、2007 年《民法典》（2007 Civil Code）和 2011 年《民法典实施法》（2011 Law on the Implementation of the Civil Code）构成了不动产交易的主要法律框架。

2001 年 11 月，新《土地法》的颁布在相当程度上改善了柬埔寨境内土地投资领域的法律建设。2001 年《土地法》明确了与土地相关的各项权利，包括所有权、地役权、使用权、担保权、国家和私人土地特许权及租赁权。它还明确了通过出售或继承转让土地及办理土地转让登记的流程。

为实施 2001 年《土地法》，政府于 2002 年分别在地方和国家层面设立了地籍委员会，该等委员会有权解决关于未登记不动产的争议和认定合法所有权。相关条例还详细说明了地籍委员会的结构和使命。柬埔寨已经系统地、零星地建立了遍及全国的土地登记机制。

2007 年新《民法典》（Civil Code）通过一系列有关租赁、所有权和土地抵押等条款进一步巩固了 2001 年《土地法》实施的监管框架。根据《民法典实施法》（Law on the Implementation of the Civil Code），2007 年 12 月颁布的新《民法典》于 2011 年 12 月 21 日生效。《民法典实施法》的目的是确保民事立法的连贯性，并确保《民法典》及任何与《民法典》实施有关事项的合理实施。柬埔寨现行法律中的一些规定因此被废除或修改。

为了与《民法典实施法》协调一致，司法部和城市规划建设土地管理部颁布了 30 号法令，引入了新的与《民法典》规定一致的不动产登记程序。

2. 外资获得土地的限制

柬埔寨法律对于外国人拥有柬埔寨土地规定了一般限制。然而，《向外国人提供共有建筑物的私有单元所有权法》（Law on Provision of Ownership Rights over Private Units in Co-Owned Buildings to Foreigners）的颁布促使共有建筑物的外资所有权问题实现了重大的进步和发展。该法的颁布以及 2010 年 7 月 29 日《关于外国人在共有建筑物中可以拥有的私有单元的比例和计算方法的确定》（Determination of the Proportion and Methods for Calculating Private Units that Can Be Owned by Foreigners in Co-Owned Buildings）的第 82 号法令的通过，外国人可拥有高达 70% 的共有建筑物或公寓的私有单元，但不包括基层和地下楼层。外国人申请共同所有权需要遵照特定规定办理登记手续。该法律适用于新建共有建筑物或即将转为共有建筑物的现有建筑物。柬埔寨大部分私有单元并未在土地注册处登记为"共有"财产，因此，根据柬埔寨法律，只有柬埔寨公民或柬埔寨实体才能合法拥有私有单元。柬埔寨实体是指由柬埔寨公民或注册地址位于柬埔寨的实体持有 51% 以上表决权的实体。因此，外国人为了在柬埔寨购买土地，通常需要设立一家自身拥有 49% 表决权的公司以持有土地。此外，外国人可以通过担保（抵押）方式在土地上登记担保权益。

3. 外资获得土地权益的方式

几乎所有在柬埔寨的投资都或多或少地涉及对不动产的投资。外国投资者为获得土地使用权或其他相关权益通常采用的形式有：长期租赁，亦称永久租赁（15 年以上）；国家特许；或如前所述在持有土地的柬埔寨公司中享有少数股东权益（最高 49%），以及对土地的担保贷款。

永久租赁可以转让、分租、抵押或通过继承转让，并可续期。永久租赁也可以作为融资担保。该等租赁期限至少为 15 年，最长可达 50 年，并可续期。

永久租赁可以针对已租赁土地的所有权进行登记。但是向有关土地局的登记并非永久租赁的生效要件，法律亦未强制要求登记。

尽管如此，出于在执行方面对抗第三人的考虑，永久租赁应向有关土地局针对土地所有权进行登记。一旦登记，有关土地局将向承租人发放永久租赁证书。

法律规定，对于由外国实体永久租赁的土地上的建筑物可以由外资所有。但是，除了使用权，该等所有权登记的方式尚未确立。

4. 征用

柬埔寨《宪法》和2001年《土地法》保护土地免受征用，除非是出于"公共利益"并事先向业主提供"公允的赔偿"。新的《征收法》于2010年2月26日颁布。该法首次规定了柬埔寨国家征收私有财产的监管框架。值得注意的是，它赋予了国家在预先支付公允赔偿的情况下，为公共或国家利益发展公共基础设施而征用财产的权力。

（四）环境保护要求

1. 环境保护法律法规

目前，《环境保护与资源管理法》（Law on Environmental Protection and Resource Management）是规定环境问题的主要法律，其旨在保护和恢复柬埔寨的自然环境，确保自然资源的保护、开发、管理和可持续利用。

《环境保护与资源管理法》赋予环境部（MOE）检查任何其认为会影响环境的场所或交通工具的权力。为了确保自然资源的可持续性，《环境保护与资源管理法》要求所有部委应当先与环境部协商，再作出与自然资源保护、开发、管理相关的决定和行动。

《环境保护与资源管理法》得到了各级政府法规的支持，其中包括《环境影响评估次级法令》（Sub-Decree on Environmental Impact Assessment Process）、《水污染防治次级法令》（Sub-Decree on Water Pollution Control）、《固体废物管理次级法令》（Sub-Decree on Solid Waste Management）和《控制空气和噪声污染次级

法令》（Sub-Decree on Control of Air and Noise Pollution）。

2. 环境影响评估

根据 1999 年制定的《环境影响评估程序实施次级法令》（Sub-Decree on the Implementation of Environmental Impact Assessment Process）的规定，某些项目根据其项目的性质、规模、活动等需要进行环境影响评估（EIA），该次级法令对该等环境评估的性质和形式作出了具体规定。

需要进行环境影响评估的项目投资者必须向环境部提交初步环境影响评估报告和初步可行性研究报告。对于可能产生严重环境影响的项目，则须向环境部提交全面的环境影响评估报告和可行性研究报告。项目在开展前必须获得环境部对于初步和全面的环境影响评估报告的批准。这些投资者需要就环境影响评估报告的审查和项目实施情况的监测支付服务费，并向环境捐赠基金捐款。

尽管法律未做规定，但实践中，环境部一直要求新设立的投资公司与其签订一份合同。合同要求投资者声明将遵守环境法规，采取行动维护环境，补救投资公司造成的任何负面环境影响。

（五）跨境销售商品和服务要求

1. 柬埔寨的跨境销售主要渠道

（1）直接跨境销售

向数量较少的企业客户销售工业产品，许多中国供货商会选择直接跨境销售。直接跨境销售中的重要商业术语如下。

支付货币：通常柬埔寨进口合同中价格以美元、欧元或英镑表示。另外，柬埔寨也广泛接受人民币而且多数交易可以使用人民币。

支付条款：不同产品、工业部门和交易方不同，通常预支付总费用的 10%，剩余费用分三笔支付以完成交易。一般情况下，这些费用会被分成 25%、35% 和最终付款 30%。

支付安全：通常使用信用证或银行担保来保证支付安全。不过，对于信誉很高的柬埔寨大企业且与中国供货商有过多次类似交易，中国供货商可以依赖企业信誉或其母公司的企业信誉。

保证：柬埔寨的保证条款和欧洲、国际标准相似，包括一般保证（General Inclusive Warranty）、保证货物全新、不设留置权、无产权负担、无缺陷（符合描述），非供应商原因造成的缺陷除外。

保证期限：保证范围的期限通常参照行业惯例，但是在柬埔寨多数产品的保证期限不少于 24 个月。

适用法律：跨境合同中，合同方有权选择适用柬埔寨、中国或者第三方国家的法律作为适用法律。但是，在实践中柬埔寨法院不会认可其他法域的法律或非高棉语的文件。

争议解决：合同方在跨境的仲裁程序中可以任意选择语言和适用法律。若纠纷不能妥善解决，该案会在金边以柬埔寨国家商业仲裁中心（NCAC）的规则解决，外国法院的判决不能在柬埔寨执行。

中国供应商必须保障他们的人员在柬埔寨停留不超过 182 天（全年 12 个月内，不管其停留目的是促进销售、从事合同谈判或者执行合同，包括与送达有关的、安装、佣金或者售后服务），从而不构成常设机构。否则，中国的供应商需要就其来源于柬埔寨的净收入缴纳 20% 的利润税。

（2）设立办事处

许多外国供应商在柬埔寨设立办事处或分支机构。国外供应商可以就此通过其他人员在柬埔寨直接与客户接触，采购当地的商品和服务，并为母公司提供当地信息，在柬埔寨推广、销售海外母公司的产品和服务。

办事处

办事处不得直接从事商业活动，可以代表母公司商定合同，但合同只能由母公司签订。办事处不得购买、出售或进行任何母公司业务范围内的服务活动，也不能参与制造、加工或建设等活动。办事处可以开展的活动包括：雇用本地工人以及在展销会上销售产品和服务。办事处是一个非应税法律实体，不可从事任何种类的应税活动，否则承担税务责任。但是，办事处必须就员工工资代缴工资税和缴纳专利税（一种年度营业税）。

办事处履行许多与销售代理一样的职责。国外供应商均在柬埔寨境外签订供货合同。

办事处必须在柬埔寨商务部（MOC）进行注册，从而颁发其营业执照。外国公司需要在获得营业执照前持续营业至少12个月。营业执照是可以更新的，并且在颁发之初有效期为5年。另外，办事处还需要在经济财政部（MEF）进行税务注册。

从提交完整申请材料之日起，整个登记备案过程通常需要花费3~4个月时间。

分支机构

许多外国公司都认为在柬埔寨设立分支机构是最具有吸引力的选择。与办事处相反，外国公司可以通过他们在柬埔寨设立的分支机构从事商业活动。

分支机构并非独立的法律实体，但可以从事谈判、营销活动或为离岸公司提供商业支持。外国母公司需对分支机构的损失和债务负责。分支机构不得拥有合格投资项目（Qualified Investment Projects，QIP）。

与办事处相同，外国公司的分支机构需要在商务部进行注册。因此，分支机构需要在颁发营业执照时在商务部注册。另外，分支机构必须在经济财政部进行税务注册。

（3）设立销售和售后服务子公司

外国公司也可以在柬埔寨设立一个全资的子公司来从事销售活动和售后服务。这个实体可以从境外母公司或关联公司购买产品，然后转卖给柬埔寨的终端客户。并且，这样做可以替换当地销售代理或经销商，或者给第三方销售代理或经销商提供附加的在场支持。

（4）通过第三方销售代理/经销商

中国商家还可以通过经许可的第三方销售代理或经销商向柬埔寨客户销售商品和提供服务。这两种方式各有其特定的优势。代理合同和经销合同在柬埔寨都不需要登记备案。

销售代理

第三方销售代理相当于外国商品或服务提供者在柬埔寨的销售代表。代理仅有权在确定潜在客户后提供有关商品或服务的信息，无权从外国供应商处购买货物或服务再销售给柬埔寨终端客户，无权储备存货，也无权代表外国供应商与终端客户签订对双方均有约束力的合同。

在销售代理参与的情况下，外国供应商作为一方当事人直接签订销售合同［合同条款遵循上述（1）项所列原则］。值得注意的是，中国供应商的代表不能在柬埔寨本地签订销售合同，因为这会构成常设机构，从而让中国供应商在柬埔寨缴纳更多的税款。［见上述（1）项］

在日常消费品领域，外国供应商很少使用销售代理。但是涉及重工业品买卖时，雇佣销售代理非常有用。在选择柬埔寨方面的销售代理时，中国供应商需要注重以下几点。

代理资质：代理应该能与潜在客户保持有效的联络，并且有相关行业的从业经验并具有良好的声誉，不存在违法或者腐败等不良记录；为保持代理独立，政府官员不能成为代理，代理也不能与客户存在直接或间接利益关联。

独家代理：当柬埔寨代理商提供独家代理服务时，中国供应商应尤其注意，仔细限定独家代理的地域范围和时间期限；独家代理权应以独家代理商提供令人满意的服务为前提；代理合同同时应明确规定，若独家代理商未能提供符合条件的代理服务，代理协议可以终止。

授权权限：中国供应商应明确代理的代理权限。我们同时建议，中国供应商应保留依据其已获得合同或掌握的客户资源直接在柬埔寨进行销售活动的排他性权利。

代理义务：代理协议应明确规定代理的以下权利义务：a. 为促进和便于货物或服务销售，提供涵盖销售合同签订前后的供货、安装和收款等流程的全面服务；b. 遵守包括但不限于反腐败法律在内的相关法律。

竞业禁止：中国供应商应注意确保其代理不为其竞争者同时提供相似服务，这一点涉及柬埔寨核心目标客户时尤其重要。当然，作出这一商业决定时需要考虑整体的市场条件。

佣金：通常，代理按总销售额的一定比例支取报酬；这一比例通常参考行业标准来确定，采取浮动比例计算，即合同标的越大，佣金比例越低；反之则相反。

佣金的支付方式：只有在供应商已经获得终端客户支付的货款后，才能按比例向代理支付佣金；供应商决不能在与终端客户签订合同之后，立即全额支付代理佣金。

适用法律：详见上文第（1）项。

争议解决：详见上文第（1）项。

走出去智库（CGGT）整理。

经销商

进入柬埔寨市场最常见的方法之一，是使用一名或多名当地经销商，尤其在消费品销售方面。

在典型的经销合同中，经销商通过签订跨境进口合同，依照约定的合同条款从外国供应商处购进商品，储备存货，并根据另外的国内销售合同项下的相关条款在柬埔寨市场将货物销售给终端客户。因为经销商购进货物后提价销售，并不靠佣金获得报酬，分销关系中发生商业贿赂的风险可能性要明显低于销售代理关系。但是，外国供应商在选择经销商时，仍应加倍注意。同时还应注意以下几项关键原则。

经销商资质：无论在任何领域或产品范围内，作为一个经销商，在柬埔寨不需要任何特殊许可或认证；在少数的外国经销公司的情况下经销必须被许可（即贸易许可）；经销商应掌握优质的市场资源、具备相关行业从业经历和人力、物力、财力方面的充足资源，以便推广商品，并能够提供进口通关、仓储、市场营销（包括商品推销和广告）、销售及售后服务方面的后勤支持。

　　独家经销：如果经销商取得独家经销权，则必须仔细限定地域范围和时间期限，且须遵守适当的最低履行标准。

　　地域/客户：经销协议应明确规定地域范围（比如：柬埔寨全境，还是限定在特定区域、省或市）和客户类型；中国供应商应保留直接销售给特定核心客户的权利。

　　最低销售目标：中国供应商应为所有独家经销商乃至部分非独家经销商设定一个最低销售业绩目标，以确保经销商最大限度开发市场潜力；如果独家经销商未能完成最低销售业绩目标，中国供应商应该享有解除经销协议或者将独家经销协议变更为非独家经销协议的权利。

　　经销商义务：除了提供上文提到的全套后勤保障服务外，经销商义务还包括保护供应商知识产权，在产品召回等相关纠纷和法律诉讼中与供应商充分合作。

　　竞业禁止：柬埔寨经销商通常都会销售多个供应商的产品，大部分情况下都不会同意作为单一供应商的经销商，除非供应商为相关的推广和广告活动提供实质性的金融或其他资助。

　　反垄断考虑：依据柬埔寨法律，供应商不能对通过经销商销售的产品限定零售价。

　　适用法律：详见上文第（1）项。

　　争议解决：详见上文第（1）项。

　　走出去智库（CGGT）整理。

　　（5）电子商务（包括数据保护）

　　截至 2016 年，柬埔寨仅有大约 650 万的互联网使用者，这使得电子商务在柬埔寨的市场规模十分有限。尽管在柬埔寨大部分地区都覆盖了互联网，电子商务在柬埔寨却发展缓慢。这种状况一定程度上是由于柬埔寨的消费者对网络购物的不信任。因此，网上购物普遍提供货到付款的方式。

　　远程销售在柬埔寨目前受到柬埔寨民法中的一般性条例管控。专门针对远程销售的立法目前正在起草制定中。该草案对网上合同以及网上签名做出了详细的规定，并且将缩短网上银行业务的办理时间。截至 2017 年 11 月，柬埔寨尚未正式颁布《电子商务法》，该法草案正在由柬埔寨内阁审议。

柬埔寨宪法为个人信息的保护提供了一些一般性的保障，而其他相关法律法规则更有针对性地制定了一些更加详细的措施来规范个人信息的保护。上述还在制定中的有关远程销售的草案同样也会含有保密条款，这将会给个人信息提供最基本的保护。

2. 实务考量

（1）产品认证/质量/责任

产品的质量认证在柬埔寨受到柬埔寨标准局（Institute of Standards of Cambodia，ISC）的管理。

根据柬埔寨《民法典》（Cambodian Civil Code）的规定，在所购买的商品质量不合格或者商品有残次瑕疵的情况下，消费者有权向商家索要赔偿，赔偿形式包括降价、退款、修补残次品以及赔偿相应的花费损失等。残次品的外国生产商也应当对消费者的投诉和索赔承担相应的法律责任，即使他们在柬埔寨境内并无任何商业存在。

（2）知识产权

在柬埔寨开展商品销售业务之前，中国商家应当采取一切必要手段来保护他们的商标、专利、技术秘密以及其他知识产权不会在柬埔寨受到任何的侵害。

在对其商品商标进行注册后，外国生产商可以降低未经授权许可的平行进口的风险。这是因为商品商标的注册将会使得未经授权的进口商所进口的商品的通关程序更加复杂并且时间延长，以及允许外国生产商对其产品未授权的进口商有关该商品未经授权的进口行为进行追踪调查。

在柬埔寨要想获得商标保护，商家必须按照国内流程到商务部知识产权科提出申请备案。商标一旦注册成功，其有效期为十年。

（3）税务筹划和转让定价

柬埔寨税收制度请参见下文"（六）税收法律制度"。

柬埔寨至今仍未在转让定价方面实施任何专门的立法。然而，根据柬埔寨税收法第 18 条规定，政府税收部门有权向共同所有权下的当事方询问其所使用的价格并有权重新分配收入和扣除款项。只有在防止偷税漏税的情况下或者为了清楚地反映公司收入的情况下才能做出上述的调整。共同所有权是指每一方都拥有某一公司全部股份的 20% 或者以上的情况。

（六）税收法律制度

1. 税收体系和制度

柬埔寨实行全国统一的税收制度，并采取属地税制。1997 年颁布的《税法》、2003 年颁布的《税法修正法》、2015 年 12 月颁布的 2016 年《金融管理法》以及后来颁布的 2017 年《金融管理法》为柬埔寨税收制度提供法律依据。

《柬埔寨王国投资法》及其三次修正案、《柬埔寨王国投资法修正案实施细则》等法律组成了外商在柬埔寨投资的法律体系。

自 2016 年 1 月 1 日起，柬埔寨的税收制度统一为实体税制。2017 年《金融管理法》正式将"实体税制"一词改为"自评税制"，自评税制中的纳税人包含三类。

小型自评税制纳税主体包括满足以下条件的独资或合伙企业：

· 年应税营业额在 2.5 亿瑞尔（折合 62 500 美元）至 7 亿瑞尔（折合 175 000 美元）；

· 在同纳税年度任意连续三个月的应税营业额超过 0.6 亿瑞尔（折合 15 000 美元）；

· 预计将来连续三个月的应税营业额超过 0.6 亿瑞尔（折合 15 000 美元）或以上；

· 参与任何与货物和服务供应相关的招标、报价或调查活动。

中型自评税制纳税主体包括：

· 年营业额在 7 亿瑞尔（折合 175 000 美元）到 20 亿瑞尔（折合 500 000 美元）的企业；

· 注册为法人实体的企业；

- 地方政府机构，协会和非政府组织。

大型自评税制纳税主体包括：

- 年营业额超过 20 亿瑞尔（折合 500 000 美元）的企业；
- 外国公司的分支机构；
- 拥有柬埔寨发展委员会批准的合格投资项目的企业；
- 政府机构、外交和领事使团、国际组织和机构。

2. 主要税赋和税率

现行税收体系包括的主要税种有：利润税、最低税、预付利润税、预扣税、工资税、增值税、财产转移税、土地闲置税、专利税、进口税、出口税、特种税等。柬埔寨对私人投资企业所征收的主要税种和税率分别是：利润税 9%、增值税 10%、营业税 2%。

（1）利润税

利润税征收对象是：居民纳税人来源于世界各地的收入，除 0 和 9% 的投资优惠税率外，一般税率为 20%，自然资源和油气资源类税率为 30%。

企业投资后可享受 3～8 年的免税期，免税期后按税法交纳税率为 9% 的所得税；利润用于再投资，免征所得税；分配红利不征税。

（2）最低税

最低税是与利润税不同的独立税种，采用自评税制的纳税人应缴纳最低税，合格投资项目除外。最低税税率为年营业额的 1%，包含除增值税外的全部赋税，应于年度利润清算时缴纳。利润税达到年度营业额 1% 以上的，纳税人只需缴纳利润税。

（3）预扣税

居民纳税人支付给非居民（外国雇员、投资者、商业伙伴等）款项或实物时，必须预提该款项的一定百分比作为预扣税。预扣税的税率有 4%、6%、10% 和 15% 四种。从业居民纳税人向非居民纳税人支付利息、专利费、租金、提供管理或服务的报酬、红利等款项的，应按支付金额的 14% 缴纳预扣税。

（4）工资税

工资税是对履行工作职责获得工资按月征收的赋税。柬埔寨居民源于境内及境外的工资，税率为0～20%，雇主须为雇员代扣税款，按下表内所列的金额及税率代扣代缴；非居民源于柬埔寨境内的工资应缴纳工资税，税率统一为20%（表2-1）。

表2-1 柬埔寨工资税税率

月应税工资（瑞尔）	税率
0～1 000 000	0
1 000 001～1 500 000	5%
1 500 001～8 500 000	10%
8 500 001～12 500 000	15%
12 500 001 以上	20%

资料来源：柬埔寨国家税务局，走出去智库（CGGT）整理。

根据2017年《金融管理法》，自2017年1月1日起，任何居民雇员按照其实际的家庭状况，可享有下列薪金收入扣除的待遇。

依赖纳税人抚养的儿童：可从薪金纳税基数中扣除150 000瑞尔/人。

无工作的雇员配偶：每月可以从应纳税的薪金收入基数中扣除150 000瑞尔。

（5）增值税

增值税按照应税供应品应税价值的10%征收。应税供应品包括：柬埔寨纳税人提供的商品或服务；纳税人划拨自用品；以低于成本价格赠与或提供的商品或服务；进口至柬埔寨的商品。

出口至柬埔寨境外的货物或在柬埔寨境外提供的服务，不征收增值税。

（6）其他税赋

其他税赋（表2-2）。

表 2 - 2　柬埔寨其他税种及税率

税种	税率
国内及国际电信	3%
国内及国际航空机票	10%
饮料、烈酒、烟草	10%
啤酒	20%
土地闲置税	2%
房屋土地租赁税	10%

资料来源：柬埔寨国家税务局，走出去智库（CGGT）整理。

3. 关税

（1）相关法律

《柬埔寨王国投资法》（修正案）、《进出口商品关税管理法》《关于制衣行业原产地证书、商业发票、出口许可证核法的规定》等。

（2）作为最不发达国家享受的出口优惠

柬埔寨作为最不发达国家，欧、美、日等 28 个国家/地区给予柬埔寨普惠制待遇。美国给予柬埔寨较宽松的配额和进口关税，欧盟在"除军火外所有商品倡议"下，给予柬埔寨除军火外几乎所有产品零关税的待遇。

（3）出口优惠

根据投资法修正案，由柬埔寨投资委员会批准的出口型合格投资项目可享受免税期或特别折旧。其出口产品增值税享受退税或贷记出口产品的原材料。

（4）免税进口

根据投资法修正案，由柬埔寨投资委员会批准的出口型合格投资项目可免税进口生产设备、建筑材料、原材料和零配件。未取得生产用原材料免税进口批件，进口公司应每年向柬埔寨投资委员会申报拟进口材料的数量和价值。

（5）关税税率

除天然橡胶、宝石、半成品或成品木材、海产品、沙石等 5 类产品外，一般出口货物不需要缴纳关税。

所有货物在进入柬埔寨时均应缴纳进口税，投资法或其他特殊法规规定享受免税待遇的除外。进口关税主要有四种汇率组成：7％、15％、35％ 和 50％。部分进口产品税率如下（表2-3）。

表 2-3　部分进口产品税率

货物类别	关税
童装、运动装、窗帘、床罩、伞、水果、茶叶、玩具、塑料类、纸类、钢铁、水泥、玻璃、铝材	7％
鱼类、家电类、摩托车、发电机、五金制品	15％
布类、服装、酒类、饮料、罐头、肉类	35％
卷烟、游戏机、钻石	50％
古董、艺术品、化肥、农具、学生文具、药品	0

资料来源：柬埔寨国家税务局，走出去智库（CGGT）整理。

（七）主要政府管理部门

柬埔寨主要政府管理部门（表2-4）。

表 2-4　柬埔寨主要政府管理部门

政府部门名称	简介	网址
内政部（MOI）	负责柬埔寨 24 个省份和 186 个地区公共行政的政府部门	http://www.interior.gov.kh/
农林牧渔业部（MAFF）	负责柬埔寨的农业、林业、畜牧业及渔业发展	http://www.maff.gov.kh
劳动和职业培训部（MLVT）	负责劳动、就业和职业教育等问题的政府部门	http://www.mlvt.gov.kh/

（续）

政府部门名称	简介	网址
地方劳动和职业培训部门（DLVT）	MLVT 下设的地方劳动和职业培训部门	
环境部（MOE）	负责环境保护和自然资源保护的重点机构	http：//www. moe. gov. kh/
商务部（MOC）	负责管理和促进柬埔寨商业和贸易的政府部门	http：//www. moc. gov. kh/en-us
经济财政部（MEF）	负责金融和经济政策事务的管理	http：//www. mef. gov. kh
标准局（ISC）	负责制定和出版柬埔寨产品、商品、材料、服务和业务标准和准则的国家标准机构	http：//www. isc. gov. kh/en
柬埔寨发展理事会（CDC）柬埔寨投资委员会（CIB）	柬埔寨发展理事会系柬政府唯一负责柬投资和重建发展综合事务的政府机构。理事会下设"柬埔寨投资委员会"（CAMBODIAN INVETMENT BOARD，简称 CIB），主管私人投资，由柬涉及投资的各部门代表组成，实行"一站式"审批。投资者欲享受优惠待遇，必须向该会提交申请，以供其审议和决定。申请的格式、内容，审议的程序和时限都有较严格的要求	http：//www. cdc-crdb. gov. kh http：//www. cambodiainvestment. gov. kh

资料来源：走出去智库（CGGT）根据公开信息整理。

四、案例分析

国宏集团　让柬埔寨大米香飘世界[①]

柬埔寨是传统的农业大国，全国 1 400 万人口中，80%以务农为生，农业是柬埔寨经济发展重要的一环。但由于战争、自然灾害和政府财政的捉襟见肘，柬埔寨的农田水利等基础设施落后，农业技术和机械化水平很低，生产力低下，农业仍处于粗放式、广种薄收和"靠天吃饭"的落后局面。因此，作为农业大国的中国，在农业领域具有的传统优势与先进技术对柬埔寨极具吸引力。

柬埔寨目前尚未完全利用现有土地资源，农业产量特别是稻米产量有极大的增长空间。有研究表明，如果拥有良好的灌溉系统，加上扩大种植面积，柬埔寨稻谷产量有可能至少比现阶段翻一倍。而中国提出的"一带一路"倡议正好为此提供了契机，中柬两国发展战略正努力实现对接，在农业领域合作的重要目标即帮助柬埔寨打造现代农业，提升柬埔寨农业水平。广西国宏经济发展集团有限公司（以下简称"国宏集团"）作为广西"走出去"的重要平台公司，从早些年间就开始与柬埔寨农业接触，不断深化与柬埔寨的农业合作，积极推动"一带一路"建设，为柬埔寨大米产业实现长足发展和扩大国际市场做出了贡献。

2007 年国宏集团就开始奔赴柬埔寨稻产区，考察稻产分布情况及建厂地点。考虑到大米加工季节性强、产业链长及投资风险较大，2009 年广西壮族自治区政府决定由政府补贴 1 000 万元，扶

① 资料来源：

苏超光，黄获，2012. 友谊花开稻米香 国宏柬埔寨大米加工厂建设纪实［OL］．http://www.guilinhd.com/staticpages/20120824/glhd5036b38e-364082.shtml。

王芳，2017. 国宏米业：让中国技术走进柬埔寨［J］．经济（05）。

钟占娜，2012. 柬埔寨大米出口潜力巨大［OL］．http://blog.sina.com.cn/s/blog_ab65296601012gry.html。

持国宏集团在柬埔寨建厂。

2007年和2008年，为了确保柬埔寨大米的品质，国宏集团分两期实施了广西壮族自治区政府援助柬埔寨的"桂柬农业技术培训学校"项目，为柬埔寨培养了一批农业技术人才，提高了柬埔寨的农业生产水平。同时，国宏集团针对柬埔寨大米种源开展提纯复壮工作，在柬埔寨磅同省建设了200公顷的原生态香米（稻谷）种子生产基地，专门从国内聘请了高级农艺专家到柬埔寨进行水稻选种和培育；在过程管理中加强除杂去劣工作，确保生产的种子纯度达到要求，经收割验收，品种纯度达到99%以上，保证了香米种植基地的种子供应。

除了种植技术落后，柬埔寨大米还缺乏先进的加工技术。近3万家碾米厂绝大部分规模小，设备老旧，加工能力和技术落后，无法达到国际标准大米的要求。

2010年，国宏集团在柬埔寨投资新建国宏大米加工厂项目，于2012年7月正式建成并投入运行，该大米加工厂项目占地130亩*。工厂的全套先进设备均从中国引进，目前一条日产150吨大米加工生产线已投产，生产能力为年加工稻谷5.5万吨（折合年产精米3.65万吨）。该大米加工厂为当地提供了120个就业岗位，每年用于采购稻谷原料直接投入的资金超过500万美元，累计向当地政府缴纳各类税费30万美元。

对加工厂的使命而言，工厂建成投产仅仅是开始。从原料采购、储备、加工，到产品运输、销售等各个环节，国宏集团在柬埔寨的全资子公司——国宏（柬埔寨）实业有限公司都必须尽快摸索并熟悉掌握，最终达到将优质大米销往东盟、欧美和中国南方高端市场的目的。

柬埔寨90%以上的稻谷是在每年的最后两个月集中收割上市，这个时候稻谷交易量最大，价格也最低，泰商、越商都在这个时候大量涌入收购。如果国宏有足够的流动资金，就可以低成本囤积，

---

* 亩为非法定计量单位，1亩=1/15公顷≈667平方米。——编者著

降低生产成本，规避经营风险，保障出口贸易合同的履行。为此，国宏集团在 2012 年稻谷上市季节，向银行申请增加信贷筹措资金，力争收购储备优质品种"茉莉香"稻谷 1 万吨以上，为第二年扩大产能创造条件。与此同时实行科学管理，加快资金周转，保障原料供应和产品销售的平衡，扩大来料加工业务合作，发挥工厂产能，使大米加工厂项目实现良性运行和可持续发展。

原生态是柬埔寨大米的最大特色。如今，中国市场对柬埔寨大米的"四无一老"（无公害、无农药、无化肥、无转基因和老品种）的需求越来越大。国宏集团抓住了这个机会，在柬埔寨坚持"绿色发展""生态循环""互利共赢"的理念，即利用先进农业技术和经验，依靠柬埔寨优越的自然条件，通过建设稻谷、蔬菜和水果等种植基地和畜禽养殖基地，带动建设相关农副产品加工园区，利用稻谷等加工后的副产品建设包括发电、沼气制作和有机肥生产等循环产业园区，建设一个兼有种植、畜养、加工和农业废弃物资源化利用的海外大型生态农业产业园，为当地提供就业和创造税收，建成了现代化的工厂，实现了"污水零排放"。

2013 年开始，国宏集团生产的柬埔寨大米已连续 4 年在中国东盟博览会期间被指定用于接待国内外贵宾，柬埔寨首相洪森实现了在南宁吃到柬埔寨大米的愿望。国宏"暹粒牌"柬埔寨香米成为"2016 中国—东盟博览会"指定产品，并被柬埔寨政府指定为列入广西壮族自治区政府援助柬埔寨的物资清单。中国表示将继续从柬埔寨进口农产品，其中从柬进口大米 2017 年起将从 10 万吨增至 20 万吨。

2017 年，国宏集团将与柬埔寨本地种植大户英迪坡发展有限公司合作建设面积为 1 000 公顷的原生态稻谷种植基地，主要种植桑果洛香米。目前已修建开通了园区内的主要道路和机耕道路，完成了土地平整和水利基础设施建设，建设完成了简易办公区、管理工人用房，累计投资已超过 200 万美元。种植基地已为大米加工厂供应优质原粮 1 万多吨。

对于未来，国宏集团董事长罗勇则表示："今后国宏集团将积极为中柬两国企业投资农业搭建一个'服务共享、合作共赢、持续发展'的平台，为企业提供政策咨询、信息服务、风险建议和投资办证等服务。通过制度化、系统化的设计，吸引中国优秀企业到柬埔寨投资农业，形成贴近市场的产业链和产业集群，促进当地农业和经济发展，促进双边互利合作。"

国宏集团在柬埔寨的农业发展与合作为深化中柬友谊做出了杰出贡献，实现了双边共赢互利，一方面将自己的技术和经验带到柬埔寨，使柬埔寨大米真正能走进中国，走向世界。另一方面藉柬埔寨得天独厚的地理条件，大力发展企业项目，使企业盈利节节高升，是中柬合作的优秀典范。

第三章 老挝农业投资合作机遇与实务指南

一、老挝农业发展现状与未来趋势

(一) 地区资源禀赋

老挝是中南半岛北部唯一的内陆国家,北邻中国,南接柬埔寨,东接越南,西南毗邻泰国。湄公河流经近 1 900 千米,国土面积 23.68 万平方千米,人口近 680 万(2015 年)。老挝境内 80% 为山地和高原,且多被森林覆盖,有"印度支那屋脊"之称。地势北高南低,北部与中国云南的滇西高原接壤,东部老、越边境为长山山脉构成的高原,西部是湄公河谷地和湄公河及其支流沿岸的盆地和小块平原。全国自北向南分为上寮、中寮和下寮,上寮地势最高,川圹高原海拔 2 000~2 800 米,最高峰普比亚山海拔 2 820 米。[①]

老挝有丰富的矿产资源,包括锡、铅、钾、铜、铁、金、石膏、煤、盐等,其水电资源也十分充沛,湄公河水能蕴藏量 60% 以上在老挝境内,全国有 60 多个水能丰富的水电建设站点。此外,老挝拥有其他内陆国家所没有的丰富的农林资源、充沛的水量、适宜的温度等,为树木等的生长提供了适宜的条件。

土地资源丰厚,日照时间长,雨水充沛,这一切使得老挝的农业开发条件极为优越。但老挝目前仍是最不发达国家之一,直到 1986 年才开始实行革新开放。第七个五年计划(2011—2015 年)后,老挝经济发展才走上快车道,GDP 年均增速达 7% 以上,成为当今世界经济增速最快的国家之一。

---

① http://en.wikipedia.org/wiki/Laos。

(二) 农业发展现况

得益于优渥的气候地理条件、政府的重视，老挝的农业发展迅速。2011—2015 年，老挝农林经济增长率为 3.0% ~ 3.4%，2015 年行业增加值占全国 GDP 的 24.1%，全国 GDP 增速超过 8%。2015 年全国大米产量达到 410 万吨，折合每人每年 600 千克，达到该国发展计划的 97%。2015 年为全社会提供肉类、鱼类和鸡蛋达到每人每年 53 千克，完成国家发展规划的 100%。[①]

目前老挝主要的农产品可分成粮食、经济、水果三大类，其中以水稻、玉米、薯类为最重要的粮食作物；茶叶、咖啡、烟草等则是该国主要经济作物；水果作物主要是传统热带水果，包括椰子、香蕉、黄果等。

中国与老挝的农业合作日益加深，据中国海关总署发布的月度统计数据显示，仅仅在 2017 年 9 月一个月中国就从老挝进口玉米 17 828 吨，同比激增 124.12%；而从 2017 年 1—9 月期间从老挝进口玉米 54 240 吨，同比增加 207.08%。[②] 据老挝《经济贸易报》9 月 14 日报道：2017 年上半年老挝向中国出口近 5 000 吨大米，而 2016 年向中国出口的大米为 7 200 吨。[③]

据老挝《万象时报》2017 年 3 月报道，2016 财政年度，老挝的稻米产量达 412 万吨，预计 2017 财年将增至 435 万吨。在老挝每年种植超过 77.8 万公顷的湿季水稻和 12.66 万公顷的旱季水稻。据老挝《万象时报》2017 年 10 月 9 日报道，老挝 2017 年咖啡出口额将超过 1.12 亿美元，比 2016 年增长约 33%，预计将出口 4 万

---

① 文瀚，林卫东，陈玉保，等，2017. 老挝农业发展现状、问题剖析及对策研究 [J] . 云南科技管理，2。

② 中华粮网 . 中国海关发布 9 月粮食进口数据 [EB/OL] . (2017-10-27) . http：// www. agri. cn/province/gansu/fxyc/201710/t20171027_5852355. htm。

③ 中国商务部驻老挝经商参处 . 2017 年上半年老挝向中国出口近 5000 吨大米 [OL] . (2017-09-14) . http：// la. mofcom. gov. cn/article/ztdy/201709/20170902644017. shtml。

多吨，比 2016 年增加 1 万吨。① 天气好转和海外市场（特别是越南、日本和中国）的需求日益增加，是出口激增的主要原因。

（三）农业发展机遇

2016 年 1 月召开的老挝人民革命党第十次全国代表大会决定：基于国家的资源优势、国家经济与社会明确的目标，改进农业生产系统，保证国家粮食作为农产品提供给市场，继续把农业基础设施做好，用科学技术促进农业现代化，到 2020 年使老挝摆脱最不发达国家行列。到 2020 年农业经济年均增长率达到 3.1%～3.4%，占全国 GDP 的 19% 左右。老挝可以在以下五方面抓住机遇，促进农业进一步发展以实现其目标。

1. 开垦荒地

该国的荒地面积高达 200 万公顷，当地政府已经在垦荒方面做出了较大努力，相信未来随着垦荒工作的进一步推进，农业发展将获得新的契机。

2. 加强基础设施建设

随着经济的发展，老挝的基础设施建设得以逐渐完善，但很多地方，农业基础设施条件依然薄弱，尤其是在偏远的山区。政府通过建设农田水利、兴修电力工程、铺设公路铁路网、完善水陆运体系等措施，可以进一步改善基础建设，从而推动农业向高效、便捷的生产方式发展。据《巴特寮报》2017 年 6 月 20 日消息：亚洲开发银行将向老挝北部波乔省、琅南塔省、乌多姆赛和丰沙里省提供无偿援助 3 650 万美元，② 帮助上述四省改善农村基础设施。老挝政府可以充分利用国际组织的帮助，发挥资金作用，改善农村落后地区的基础设施。

3. 积极研发技术，增加资金投入

老挝政府可以通过开展应用研究和技术推广向自然资源保护提

---

① 中国商务部驻老挝经商参处．老挝 2017 年咖啡出口量激增［OL］．（2017-10-10）．http：//la.mofcom.gov.cn/article/jmxw/201710/20171002655471.shtml.

② 中国商务部驻老挝经商参处．亚洲开发银行援助老挝北部四省农村基础设施建设［OL］.（2017-06-21）.http：//la.mofcom.gov.cn/article/ddgk/201706/20170602596532.shtml.

供技术支持的方式，促进农业科技发展。同时应将更多的资金引向农业，充分利用境内外资本，吸引外来资本的投资并用于发展本国的农业经济。这样能够推动本国农业科技的进步，从根本上增加农产品的产出，促进农业发展。

4. 建立健全农村金融服务体系

农村经济结构和金融机构是目前影响老挝农业发展的关键因素。① 因此，老挝政府应建立健全各类金融机构，包括银行、保险、农业合作社等金融机构，并提高农村金融服务人员的业务水平，提升工作效率。同时，政府可以考虑对涉农企业给予税收方面的优惠，推动他们种植稀缺产品，以此为契机来打开国际市场。

5. 加强与中国的农业合作

老挝可以积极促进与中国在农业科技方面的合作，学习或引进中国先进的培育和种植技术，从而提高国内农业科技、病虫害防治技术、农业产出等方面的水平。此外，目前中国已成为老挝最大的投资国，如果进一步改善投资环境，促进与中国的合作，老挝农业的发展速度预计能够持续提高。

二、老挝农业投资风险分析

（一）老挝投资风险的国际评价

1. 基础设施

老挝是世界上经济最不发达国家之一，且老挝是内陆国，整体基础设施水平较为落后。老挝与邻国签订了双边和多边的经济合作条约，为实施这些合约，近年来政府加大了对基础设施的投入。特别是通过大力开展交通运输基础设施建设，使得贯通南北的13号公路保持畅通、中心城市基础设施有所改善，5座连接泰国的跨湄公河大桥得以建成。中国在老挝援建或承建的项目，多为水电站、

---

① 文瀚，林卫东，陈玉保，等，2017. 老挝农业发展现状、问题剖析及对策研究[J]. 云南科技管理，2.

桥梁和公路等基础设施。

根据世界经济论坛最新发布的《全球竞争力报告 2017—2018》（Global Competitiveness Report 2017—2018，简称《报告》），老挝的基础设施在 137 个国家中位列第 102 位。从公路、铁路、航空、港口、电力和通信六个方面详述如下：

老挝公路质量指数排名第 94 位，较上年下降 3 位。老挝全国公路里程 43 604 千米，其中混凝土路 866 千米，柏油路 6 496 千米，碎石路 15 324 千米，土路 20 919 千米。老挝全国没有高速公路，公路运输占全国运输总量的 79%。

《报告》对老挝的铁路无数据记载。老挝地域狭长，从北到南有 1 000 多千米，全国仅有一条全长 3.5 千米的铁路，乘坐火车出行是不少老挝人的梦想。2015 年 12 月 2 日，中老铁路磨丁—万象工程奠基仪式在老挝首都万象举行。磨丁—万象铁路北起中老边境磨憨—磨丁口岸，北端与中国境内的玉溪至磨憨的铁路对接，南端与泰国廊开至曼谷的铁路相连，全长 418 千米，设计时速 160 千米。该项目建设周期为 5 年，中国段与老挝段分别于 2016 年 4 月、2016 年 12 月开工。中老铁路项目建成后，将极大地便利中老两国物资、人员往来，改善老挝交通基础设施，优化老挝的投资环境，为中国以及其他国家加大对老挝和行业领域的投资提供更多便利。

航空基础设施质量排名第 101 位，较上年下降 1 位。老挝全国有 8 个机场，首都万象机场能起降大飞机。国际航线有：万象—昆明、万象—南宁、万象—广州、万象—曼谷、万象—清迈、万象—河内、万象—胡志明市、万象—金边、万象—暹粒、万象—吉隆坡、万象—新加坡、万象—首尔，客运量为 44 万人次/年，货运量为 2 万吨/年。机场有万象瓦岱机场、琅勃拉邦机场和巴色机场等。

港口设施质量排名第 127 位，较上年上升 5 位。老挝的水路运输全长 3 000 千米。湄公河在老挝境内全长 1 800 多千米，流经 13 个省（市），沿湄公河有 20 多个小型码头，水上运输总量占全国运输总量的 18%。上湄公河部分航道整治后，旱季能通行 150 吨级船只，雨季能通行 300 吨级船只，但下湄公河航段从会晒以下仍未畅通。

老挝供电能力排名第 75 位。该国水电资源充沛，除自用外还可出口。湄公河水能蕴藏量 60％ 以上在老挝境内，全国 200 千米以上河流 20 余条，有 60 多个水能丰富的水电站建站点，但少部分村、县尚未通电。

老挝移动网络普及程度排名第 131 位，固话网络普及程度排在第 60 位。老挝分别于 1992 年、1993 年引入固话和移动电话，整体通信产业起步于 1994 年，以固话、电报、传真为主。老挝于 2008 年开通手机 3G 网络，截至 2015 年年底 3G 业务用户约 28 万，主要集中在首都万象等大城市。2012 年，老挝开通由中国华为提供设备并承建的 LTE 网络（4G），是东盟地区继新加坡后第二个开通 4G 网络的国家。

2. 经商便利程度

据世界银行和国际金融公司发布的《营商环境报告 2018》，老挝的经商便利程度在 190 个国家中排名第 141 位，相较 2017 年下降 2 位。

《营商环境报告 2018》中以下 10 个方面老挝在 190 个国家中的排名：

- 设立企业便利程度（第 164 位）；
- 获得建设许可便利程度（第 40 位）；
- 获得电力供应便利程度（第 149 位）；
- 财产注册便利程度（第 65 位）；
- 获得信贷便利程度（第 77 位）；
- 投资者保护力度（第 172 位）；
- 缴税便利程度（第 156 位）；
- 跨境贸易便利程度（第 124 位）；
- 执行合同便利程度（第 97 位）；
- 破产处理便利程度（第 168 位）。

与 2017 年相比，老挝在获得建设许可便利程度、获得电力供应便利程度与破产处理便利程度 3 项指标上有所提升，分别较上一年上升了 7 位、6 位和 1 位。有 6 项指标排名有所下降。其中，设立企业便利程度下降 4 位，获得信贷便利程度下降 2 位，投资者保护力度下降 7 位，缴税便利程度下降 10 位，跨境贸易便利程度下降 4 位，执行合同便利程度下降 9 位，财产注册便利程度指标排名保持不变。

3. 腐败

老挝既是世界上接受援助最多的国家之一，也是腐败现象严重的国家，政府官员贪腐和滥用职权行为猖獗。近年来，老挝政府努力打击国内腐败现象，但成效甚微。

2014 年，老挝人民革命党中央政治局委员、党中央纪委主任、国家反腐办主任本通·吉玛尼在"关于贯彻财产公示制度"的宣讲会上表示，老挝政府审计部门决定将严格公务员入职或任职前财产公示制度，以遏制腐败行为。老挝党中央纪委副主任西奈表示，各类财产价值 2 000 万基普以上的都必须上报，例如：土地、房产、车辆、机械以及各类贵重物品等。须公示财产和收入的目标人群包括：高级领导干部，管理层干部，党组织、国有企业、合资企业的干部，尉级以上的军官和警察，以及从事经济工作的干部等。上述人群都必须上报自身、配偶以及其他家庭成员的财产、债务和收入。①

2017 年 1 月 27 日，透明国际组织（Transparency International）公布了 2016 年"全球廉洁指数"（Corruption Perceptions Index，CPI）国家排名，在 176 个国家中，老挝排名第 123 位，得分 30 分（满分 100 分，得分越高，公共部门腐败程度越低），由于其所处的亚太地区平均得分 44 分。与老挝并列第 123 位的国家还有：阿塞拜疆、吉布提、洪都拉斯、墨西哥、摩尔多瓦、巴拉圭以及塞拉利昂。所有国家中，丹麦与新西兰（90 分）廉洁程度排名并列第一，芬兰（89 分）排名第三，索马里位于末位（10 分）。

在这 176 个国家中，有超过 120 个（69%）国家的得分低于 50 分（100 分为最清廉，0 分为最腐败），这表明腐败仍然是困扰 2016 年全球经济和政治的顽症。

老挝在 2014 年和 2015 年的全球廉洁指数排名分别为第 145 名和第 139 名，2016 年与前两年相比，排名略有提高。近年来老挝

---

① 信息来源：国际在线。

加强经济和基础设施建设，但政府腐败情况严重，并存在强行征用土地的现象。尽管老挝反腐工作已经取得一定成果，但远不足以完全根除贪污腐败与浪费现象。

4. 政治/安全风险

根据《2016 全球风险地图》的评估，老挝政治风险为中等风险，安全风险为低风险。

（二）在老挝投资的主要风险因素

1. 劳动力市场风险

从劳动力市场风险的角度来看，老挝在东南亚表现不佳。低教育水平导致劳动力的基本技能较低。高质量高等教育毕业生的巨大缺口使得企业对外国劳动力的需求强烈。

虽然包含女性劳动力在内的就业水平较高，但是老挝保护劳动力的大量法规也降低了劳动力的流动性并增加了劳动力成本。

在老挝，农村和城市之间的教育质量存在显著差异。此外，从表面上看，小学和两级中等教育是免费的，但一些贫困家庭无力负担学校的全部开支，导致他们的子女无法顺利接受教育。因此老挝的劳动力很多仅具备非常初级的劳动技能。

老挝人口少，但就业率较高，此外，女性劳动力参与水平较高也扩大了现有劳动力市场的规模。但是，老挝低城市化水平导致许多适龄劳动力分散在偏远地区。另外，老挝政府对本国劳动力市场的保护也对吸引具备高技能的外籍员工进入老挝造成了不利影响。

虽然老挝的最低工资标准较低，使其运营环境具备竞争力，但这种优势会逐渐消失，因为老挝正通过逐渐提高最低工资来控制劳动力外流。老挝的劳务税较低，对于在老挝开展商业活动是一项优势，但相应的，这个国家的劳动生产率也较低。老挝政府针对劳动力市场制定了大量法规，对年假和裁员等事项都作出了严格限制，这对投资者在当地经营也是一种风险。

2. 公共事业风险

老挝的公共事业网络对投资者来说存在相当大的潜在风险。近几年，老挝下大力气发展水电，这样使得该国在能源上具有一定的独立性，但老挝依旧频繁进行用电管制，因此企业或许很难与当地电网建立连接。依赖燃料进口也大幅增加了企业运营成本，尤其对于高度依赖道路交通的企业。

尽管老挝境内的自然资源蕴藏丰富，但无石油资源，亦无炼油能力，完全依赖于进口燃料来满足国内需求。国内燃料价格的上涨使老挝在区域内处于竞争弱势。老挝在电力价格方面优势明显，几乎是亚洲最低电价，但当政府补贴被削减时企业可能面临电价上涨。对投资者来说，关键风险在于用电管制导致的电力供应频繁中断。

老挝水资源丰富，其国内能源生产主要依靠水力。在水资源利用方面，大型农业生产占据了最大的部分，因此在水资源管理、农业水土流失造成的水污染及长期水质下降等问题上存在一定风险。在电信基础设施上，老挝落后于亚洲其他国家，互联网基础设施的落后严重阻碍了企业与潜在客户的沟通交流。

3. 运输网络分析及物流风险

老挝道路交通网络欠发达，陆运仍是主要的货运方式。许多农村地区尚未通公路，老挝的整体道路安全水平也远低于全球标准，因此，在老挝投资的企业会面临因运输延误导致的时间成本和资金成本。此外，老挝是一个内陆国，对外运输严重依赖越南和泰国，这导致更为高昂的运输成本。

老挝缺乏铁路网，运输严重依赖公路网和内陆水运系统。虽然老挝有8座国际机场，但其主要出口产品（比如铜产品和木材产品）并不适用于空运，所以航空运输无法在货物运输方面发挥重要作用。

政府投入不足，导致公路质量极差，运输效率较低，大多数农村地区的道路只是简易土路，严重阻碍企业前往当地进行投资和经营。

4. 贸易投资风险

老挝的贸易投资环境存在一系列重大风险。尽管老挝已采取措施增强投资吸引力，但政府腐败现象严重以及官僚主义令许多投资者望而却步。随着老挝不断加强与中国等邻国的贸易往来，其进出口总量有所增长，但总体而言外商投资环境仍有待加强。

老挝进口贸易较少，且出口缺乏多样性，基本依赖采矿行业的出口，其中又以铜矿为主。这使得老挝在应对国际物价波动时处于被动局面。东盟经济共同体的建立将促进老挝的贸易和投资环境加快改善。作为一个自然资源丰富的国家，老挝在矿产业、水电行业和农业领域拥有巨大潜力。

老挝政府行政效率低下、司法系统不完善、税收系统复杂、知识产权保护力度差、国内金融市场欠发达，信贷获得难度大。此外，老挝没有制定针对少数股东保护的相关措施，这些因素都严重影响了老挝的投资吸引力。

5. 安全风险

尽管政府在努力降低暴力犯罪率、实现社会治安稳定，但由于国家位于大湄公河区域中心，毒品走私和贩卖人口的犯罪行为仍然较为猖獗。同时，老挝是世界最贫穷国家之一，治安维护水平较低，军事和反恐能力也有待加强。

在老挝的外商投资者容易成为盗窃和抢劫犯罪的目标。不过，由于严厉的惩罚和监管机制，老挝此类犯罪案件发生率相对较低。

老挝在打击金融和网络犯罪时软弱无力，这是投资者需要提防的一大风险。该国基础设施发展和技术水平有限，调查和检察机制不健全，导致在处理网络犯罪和洗钱活动的能力有限。老挝边境线管理松懈，现金交易普遍，这给走私犯罪和洗钱活动造成可乘之机。

老挝在中短期内不太可能发生暴力冲突。该国家鲜有国内恐怖活动，武装团体规模小、数目少，对商业经营威胁相对较小。但由于国家武装力量薄弱和反恐水平较差，任何冲突或事件的发生都易造成灾难性后果。老挝自2004年以来未经历恐怖袭击活动，与邻国维持了较好的外交关系，和平解决国家之间的争端是主要的处理方式。

三、老挝农业投资合作实务指南

（一）市场准入和主要监管

1. 贸易管理规定

老挝所有经济实体均享有经营对外经济贸易的同等权利，除少数商品被禁止或有许可证限制外，其余商品均可进出口。

（1）禁止进口商品

枪支、弹药、战争用武器及车辆；鸦片、大麻；危险性杀虫剂；不良性游戏；淫秽刊物等5类商品禁止进口。

（2）禁止出口商品

枪支、弹药、战争用武器及车辆；鸦片、大麻；法律禁止出口的动物及其制品；原木、锯材、自然林出产的沉香木；自然采摘的石斛花和龙血树；藤条；硝石；古董、佛像、古代圣物等9类商品禁止出口。

（3）进口许可证管理商品

活动物、鱼、水生物；食用肉及其制品；乳制品；稻谷、大米；食用粮食、蔬菜及其制品；饮料、酒、醋；养殖饲料；水泥及其制品；燃油；天然气；损害臭氧层化学物品及其制品；生物化学制品；药品及医疗器械；化肥；部分化妆品；杀虫剂、毒鼠药、细菌；锯材；原木及树苗；书籍、课本；未加工宝石；银块、金条；钢材；车辆及其配件（自行车及手扶犁田机除外）；游戏机；爆炸物等25类商品进口需许可证。

（4）出口许可证管理商品

活动物（含鱼及水生物）；稻谷、大米；虫胶、树脂、林产品；矿产品；木材及其制品；未加工宝石；金条、银块等7类商品出口需许可证。

（5）进出口商品检验检疫

老挝对各类动植物产品的进口有检疫要求，要求对进口产品的特征及进口商的相关信息进行检查。

动物检疫

根据老挝动物检疫规定，活动物、鲜冻肉及肉罐头等进口商须向农林部动物检疫司申请动物检疫许可证。商品入境时由驻口岸的动物检疫员查验产地国签发的动物检疫证和老挝农林部签发的检疫许可证。

植物检疫

老挝农林部负责植物检疫工作。进口植物及其产品须在老挝的边境口岸接受驻口岸检查员检查，并出示产品原产国有关机构签发的植物检疫证。

2. 对外国投资的限制

2009 年《投资促进法》在多数情况下对老挝的国内外投资者采用统一的企业注册标准和税收优惠政策。新修订的《投资促进法》已于 2016 年由老挝国会批准通过，并且于 2017 年 4 月 19 日正式生效。

除老挝政府认为将危及国家安全、健康和民族传统，或对自然环境产生不利影响的行业和领域外，外国投资者可对该国的任何行业和领域进行投资。

老挝工贸部（MOIC）会定期发布公告说明禁止、限制外商投资的领域，以及保留的行业。保留的行业限制外商参与的程度。建议外国投资者在考虑投资老挝之前查阅最新的公告。

希望从事一般商业活动的投资者需要向老挝工贸部（MOIC）企业注册办公室申请设立公司实体，获得企业注册证书（ERC）；投资银行业、普通贸易和建筑业等特定领域，则需向其他相关部门申请。

3. 特许项目

通过特许授权，企业享有依据特许协议规定的条款和条件使用政府财产的权利。特许经营活动通常包括在通信、交通、矿产、电力和农业领域的投资项目。

申请特许项目，投资者须与政府签订特别协议或者多方协议（取决于行业类别），以规范拟进行的投资活动。在矿产或电力领域，投资者通常需在项目公司中为老挝政府留出规定的股权比例。

与特许项目相关的投资事项由老挝计划与投资部（MPI）管理。下属的投资促进局（IPD）主要负责投资流程的运作管理。计划与投资部的一站式服务办公室（One-Stop Service Office）负责为拟从事特许项目的企业审批和颁发投资许可，可见该部在政府与投资者的关系中占据重要地位。

（二）劳动就业要求

1. 监管框架

劳动问题主要由老挝《劳动法》（Labor Law）规范，其余相关法律法规还包括《社会保障法》（Social Security Law）和《有关引进外国劳动力的决定》（Decision Regarding the Importation of Foreign Laborers）等。

老挝劳动行政局（Labor Administration Agency，LAA）是该国国家劳动与社会福利部（Ministry of Labor and Social Welfare）的下属部门，其职能机构包括各省市的地方劳动与社会福利部门、各区的劳动与社会福利办事处和农村社会福利社。老挝劳动行政局的职责包括：劳动法的实施与监督、劳动争议解决、劳动技能培训、劳动保护以及监控和收集劳动力市场信息。

2. 外国人在老挝工作的相关规定

外国投资者必须优先雇佣老挝公民。但在必要时，经有关部门批准，外国投资者也可雇佣外国专家或外国专业技术人员。除经特别豁免，在非技术工作中，外国职工人数不得超过公司职工总人数的 15％，技术工作中则不得超过 25％。在为期不超过 5 年的政府重点工程大型项目中，政府与项目方签订的合同应明确其使用外国劳工的情况。

通常，在老挝工作的外国人需提前办理工作签证、居留许可证和工作许可证。老挝有三类工作签证，期限分别为 3 个月、6 个月和 1 年。工作签证到期可续签，但每次续签最长不得超过 5 年。无论申领何种类型的工作签证，都需要由一家设立在老挝国内的企业进行担保。

根据"一站式"政策的规定，老挝政府可向以商务目的进入老挝的外国投资者或外国人签发商务签证，商务签证分为长期和短期两种。申请长期商务签证的外国投资者同时还应获得居留许可。

3. 劳动合同形式

书面劳动合同应明确工作地点、工作内容和工资金额。经与劳动者协商一致，用人单位可以在合同中添加《劳动法》未明确规定的条款。劳动合同可分为有固定期限（但不得超过 3 年）和无固定期限。如果劳动合同以英文起草和签署，在提供给本地雇员时通常将其翻译成老挝语。

4. 工资

老挝政府会定期出台规定，更新并明确最低工资标准。此外，企业须向劳动者支付加班工资和夜班补助。老挝政府按不同工作种类制定不同的最低工资标准。自 2015 年起，老挝社会劳动最低工资标准提高到每月 90 万基普（约合 112 美元）。加班费分两种情况，正常工作日加班者，白天以日常工资 150％计算，晚上以 200％计算；法定节假日、公休日加班者，白天以日常工资 250％计算，晚上以 300％计算；晚上（22：00～次日 5：00）轮值班补贴日常工资的 15％。[①]

5. 养老金和福利

老挝的男性退休年龄为 60 岁，女性为 55 岁。达到退休年龄且根据国家养老金计划有权领受退休金的人即可享受退休福利。只有工作时间到达法定年限，且向社会保障部门缴足法定社会保障金的退休工人才有权根据国家养老金制度领取退休金。

根据老挝《社会保障法》规定，所有劳动法主体都必须缴纳社会保障金。国家社会保障基金来源于劳动者和用人单位共同缴纳的社保金。用人单位每月应扣除劳动者工资总额的 6％用于缴纳社会保险，而劳动者则应自行缴纳 5.5％。用人单位也代劳动者缴纳，即直接从劳动者的工资中扣除本应由其自行缴纳的 5.5％。每人每

---

① 商务部．《对外投资合作国别（地区）指南-老挝（2016 版）》。

月可用于征收社会保障基金的最大工资基数为 200 万老挝基普。

根据《社会保障法》的规定，社保可覆盖以下所有领域：医疗费；病假；产假；死亡赔偿；工伤与职业病赔偿；退休金；丧失劳动能力或残疾补助；幸存者福利以及失业救济。

只有向国家社会保障基金足额缴纳社保金达到法定年限的劳动者才有权享受社保系统下的福利，具体法定年限的长短根据劳动者申请获得的福利金额的不同而定。

6. 工会

除非公司员工总人数不足 10 人，否则用人单位必须建立工会或在工作场所指定一名雇员代表。公司的大多数决定和事项必须事先通知工会或雇员代表。实践中，并不是每一个工作场所都会设立工会，这种情况下则需通过雇员代表来解决管理层与雇员之间的纠纷。

7. 工时和假期

（1）工作时间

一般性工作的法定工作时间为每天 8 小时，每周工作 6 天（即每周 48 小时）。而在工作环境对人体健康存在威胁的特定行业，如直接接触爆炸物、蒸汽或烟雾的工作或在矿井下作业的工作，工作时间不应超过每天 6 小时或每周 36 小时。加班总时长不应超过每天 3 小时或每月 45 小时，且连续加班天数不得超过 4 天。同时，加班必须事先得到工会或雇员代表以及雇员自身的同意。

（2）休假

除国家法定节假日外，雇员在连续工作一整年后即有权享受每年 15 天的年休假（从事艰苦或高危职业的雇员每年可享受 18 天的年休假）。

（3）病假

根据老挝《劳动法》的规定，雇员每年可享受 30 天的病假，但需提交医院证明。用人单位也可自行规定只有病假达到一定期限的劳动者才需提交医院证明。

（4）产假

孕妇可享受 105 天的带薪产假，多胞胎则为 120 天。无论产假长短，产后休息时间不应少于 42 天。

8. 裁员/解雇/终止合同

终止劳动合同的条件根据终止是否存在过错而不同。老挝《劳动法》为劳动合同终止的不同情形进行了详细的规定，终止时应根据具体情况仔细考量。

对非因过错而做出的终止，无固定期限劳动合同的任何一方可随时终止劳动合同，但须提前告知。对于体力劳动的工作，应提前 30 天通知另一方，而对于专业技术的工作，则应提前 45 天通知另一方。

若有固定期限的劳动合同的双方有意在合同结束后延续劳动关系，则应在合同届满前至少提前 15 天通知对方。虽然老挝《劳动法》并未对固定期限劳动合同的提前终止作出明确的通知要求，但双方应在合同中载明。而若双方未约定，通知期限要求参照无固定期限劳动合同。

此外，若劳动者缺乏必要技能、健康状况欠佳并已无法胜任工作或企业进行经济性裁员，用人单位可以终止劳动合同。通知等要求根据终止原因的不同而不同。例如，经济性裁员必须通知老挝劳动行政局。

无过错的失业人员，如因经济性裁员而失业的劳动者，有权享受离职金。《劳动法》还详细规定了在何种情况下，劳动者可以自行提出终止劳动合同并有权享受离职金。

用人单位在无合理理由的情况下开除劳动者、用人单位强迫劳动者解除劳动合同以及用人单位损害劳动者基本权利或不履行合同义务皆属违法行为。若存在此类违法行为，未能恢复工作的失业人员可以享受更高额的离职金以弥补其受到的不法损害。

9. 其他法定权利

（1）培训

用人单位应为雇员提供相关技能培训，不断提升雇员的专业资格，使其技能水平能够持续满足工作不断增加的要求。

（2）体检

用人单位应每年为雇员至少提供一次体检。在夜间工作的和在对人身健康存在威胁的环境下工作的雇员应每年安排至少两次体检。

（3）孕期

用人单位不得要求孕妇或仍在哺乳期的女职工从事搬运重物、需要长时间站立、艰苦或有害健康的工作。

（三）土地使用规定

1. 老挝《土地法》的主要内容

老挝《土地法》规定，老挝境内所有土地归国家（"民族共同体"）所有。在这一原则下，任何自然人或法人，无论其是否具有老挝国籍，都不可能在老挝拥有土地。但自然人或法人有权获得土地使用权或用益权，该权利是一种民法概念，主要指为从事生产性活动可长期使用某块土地的权利。自然人和法人可通过国家分配、转让和继承三种方式之一获得土地使用权或用益权。

老挝《土地法》规定，全国范围内的土地划分为以下八个类型：农业用地，林业用地，建筑用地，工业用地，交通用地，文化用地，国防、治安用地和水域用地。关于各类土地范围划分权和程序方面，中央一级政府在全国范围内分配和划分各类土地，然后向国会提议以便审议通过。地方政府在自己负责的范围内规定各类土地的范围，使之符合政府制定的土地类型范围的规定，然后向自己的上级政府提议以便审议通过。

老挝《土地法》规定，一旦认为有必要，可以把一种土地类型转向另一种类型，但在用作其他目的前，必须事先征得有关部门的许可并不得对自然环境和社会造成不良影响。

2. 外国投资者的土地使用权

除具有老挝国籍的自然人和法人外，外国投资者也可在某些特定的情况下获得土地使用权或用益权。注册投资资本达到50万美元的外国投资者有权在征得有关部门的同意后向政府购买土地使用权，用以建造住房或办公大楼。但是，《投资促进法》中有关这方面规定的具体实施细则尚未明确，并且至今也没有任何具有指导性的实践案例可用于明确此类权利的具体授予方式和授予时间。

除上述特殊规定外,外国个人和外资公司(包括合资企业在内)还可以在特定的情形下向老挝公民租借土地或得到国家的土地出让。

外国投资者与老挝公民间的土地租赁不得超过 20 年,而从国家获得的土地特许使用不得超过 50 年。大使馆或国际组织享有的土地租赁或从国家获得的土地特许使用不得超过 99 年。此外,根据 2017 年新修订的《投资促进法》规定,经济特区内的土地特许权期限从以前的 99 年(土地法规定的期限为 75 年)减至 50 年,但是经国民议会批准可以延长。

租得土地或从国家获得土地特许使用的外商必须履行若干义务,包括:根据有关分区目标合理使用土地、保护环境、尊重邻居的土地使用权、按时支付土地租金或特许费用以及遵守老挝各项法律法规。

外国投资者享有其在租借土地上的附着物等不动产的所有权,该项权利由老挝《土地法》和《投资促进法》共同保障。而在任何情况下,一旦租约或土地特许使用到期,土地上的所有附着物等不动产都将转为出租人或国家所有,且原所有人无权得到任何赔偿。

除非为了公共利益且支付合理赔偿,否则老挝政府无权将投资者的财产国有化或征收。外国投资者有权抵押其租赁的土地上的固定资产,有权转租其享有的土地使用权,并有权在征得国家同意后,以其享有的土地租赁特许协议作为资本出资。

老挝的土地所有权制度直接影响着外国投资者在老挝的投资经营。由于外国投资者无法在老挝拥有土地所有权,其在租赁土地上设立的抵押权的效力依赖于土地出租人所拥有的土地权利的有效性。只有获得了正规的土地凭证的老挝公民才可将土地出租给外国投资者,该凭证就是证明该出租人对该片土地享有永久使用权和出租权的主要证明文件。

3. 土地管理与登记

老挝政府负责管理全国范围内的土地。老挝国家自然资源与环境部（Ministry of Natural Resources and Environment，MONRE）负责监督其他政府部门以及公民管理和使用土地的情况。还负责土地测量、土地使用规划、土地税征收、土地登记（或地籍簿登记）、签发证明土地使用权的地契以及土地文件登记等工作。所有与土地有关的合法交易都必须在老挝国家自然资源与环境部进行登记。

（四）环境保护要求

1. 主要环境保护法律法规

该国政府为了平衡自然资源开发与环境保护之间的关系，制定了多部法律，包括《森林法》《矿物法》《电力法》《土地法》《水与水资源法》《环境保护法》。

老挝《环境保护法》为保护和可持续管理环境资源构建了基本框架。包括外国投资者在内的所有机构都应根据环境质量标准和污染防控标准，以及各个行业的具体环境要求和各项目的特许协议承担环保义务。

项目特许协议中应载明投资者应承担的具体环境保护义务。不仅需要满足国家法律的要求，还需遵守相关国际标准和规范。

其他涉及环境保护的重要政府文件有：《2020 年前国家环境战略》（National Environmental Strategy until 2020）、《2006—2020 年矿业发展战略》（Mining Sector Development Strategy 2006—2020）、《有关水电可持续发展的国家政策》（National Policy on the Sustainable Hydropower Development）（该政策于 2015 年初颁布）等。

2005 年，为了加强环境保护、确保自然资源可持续管理、扶持生物多样性和种群延续，老挝政府创立了环境保护基金（Environment Protection Fund，EPF），该基金的来源主要有：国家预算拨款、投资项目贡献、包括世界银行和亚洲开发银行在内的国内外众多组织提供的资金以及环境破坏罚金。老挝环境保护基金（EPF）主要用于资助科研活动和环境承载力建设活动。

2. 主要环保监管者

老挝环保管理部门包括自然资源环境部、部派驻处、省/直辖市自然资源环境厅、县和村委会等5级机构。主要职责有：制定和实施环保法律法规；研究、分析和处理项目环保问题；颁发或没收环保许可证；指导环评工作；开展环保国际合作等。

3. 环境影响评估的流程与规定

老挝政府颁布了多部法律法规规范环境和社会问题，尤其是有关大型基础设施项目开发中的环保问题。根据《环境影响评估（EIA）法令》及其"实施条例与指南"的规定，任何可能对环境造成影响的开发项目都必须进行"初始环境检测"（IEE）或进行更为详细的"环境影响评估"（EIA）。EIA 须遵循老挝《社会与环境管理与监察规划》，该规划包括重新安置行动计划、少数民族多样性计划、民生恢复计划以及健康影响评估方案等。老挝的《环境影响评估法令》和《环境影响评估决定与说明》明确规定了应由老挝国家自然资源与环境部（MONRE）签发的环保证书的细节。

（五）跨境销售商品和服务要求

1. 直接跨境销售

向数量较少的企业客户销售工业产品时，许多中国供应商会选择直接跨境销售。直接跨境销售中包含如下重要商业术语。

关税：老挝关税中分自主关税、协定关税、优惠关税、减让关税和零关税等五种不同的税率。详情可参看《统一制度和进口关税商品目录条令》及有关关税调整通知等文件。

支付货币：典型老挝进口合同将以美元或欧元或经许可的商业银行可提供的其他货币报价。

支付条款：支付条款在不同交易中差别较大。

支付保障：使用信用证或银行保函完成支付的方式日渐普及。

保证：目前没有法律规定商品销售保证条款。合同双方可就合适条款达成一致意见。

保证期限：以双方签订协议为准。

适用法律：由合同双方协商确定。实际上，若老挝法院对某事拥有管辖权，即使在合同选择适用外国法律的情况下，仍可使用老挝法律。

争议解决：一般推荐外国仲裁，且一般偏好在中立的第三方国家进行仲裁。

2. 设立代表处

代表处用于仅需要在老挝具有最低限度的商业存在的投资者。代表处不具有独立法人地位，也无权进行任何商业活动。设立代表处应向老挝计划投资部（Ministry of Planning and Investment）的一站式服务办公室提交申请。代表处存续期限为一年，可延期两次。收到设立代表处的申请后15个工作日内发放许可证。

3. 设立销售和售后服务子公司

外国公司还可在老挝建立独资子公司，进行销售活动和售后服务。该实体可从离岸母公司或附属实体购买商品，并将其再销售给老挝的终端客户，这种方式理论上可代替当地销售代理商和经销商或者为第三方代理商和经销商提供补充地面支持。

由于管理结构简单，在老挝设立的外国投资企业几乎均为有限责任公司形式。在大部分工业行业，对于外商投资的持股上限没有限制。但旅游业、矿产和电力行业均要求有老挝国内投资者或政府机构的参与。在允许的条件下，许多在老挝投资的外国投资企业选择设立外商独资企业。

对于拥有一名或多名外国投资者的公司，其注册资本不得低于10亿基普。从事零售活动的公司（不论作为其他服务提供的一部分或者独立提供服务）如果有一个或以上的外国股东，则该公司的最低注册资本要求为40亿～200亿老挝基普不等。

4. 通过销售代理商/经销商

在开发与老挝公司、客户和政府官员的联系人时，雇佣老挝代理商或寻找老挝商业合作方是常用的方式。在老挝还有大量中国公民或不具备合法永久居民身份的外籍劳工，他们也可能为中国投资者在当地的业务起步提供支持和协助。

许多进出口公司都建在老挝首都万象，或位于琅南塔省、波乔省、波里坎赛省、甘蒙省、沙湾拿吉省和占巴塞省的靠近边境的地带。

寻找位于特定省份的经销商或代理商的中国公司应联系老挝国家商会（Lao National Chamber of Commerce and Industry，LNC-CI）的省级分支（网址 http：//www. laocci. com/）以及各省份的贸易和投资厅，请求支持以识别和确认合适的商业合作伙伴。

5. 电子商务

电子商务在老挝尚未得到广泛应用，原因是电信基础设施发展滞后以及信用卡使用率偏低。首都万象的宽带上网较为普及。老挝政府在 2012 年通过了一项关于电子交易的法律，为电子商务未来的发展铺平了道路。

（六）税收法律制度

1. 税收体系和制度

目前老挝实行全国统一的税收制度，外国企业和个人与老挝本国的企业和个人享有同样的纳税义务。老挝政府于 2012 年 10 月新修订了《税法》，其主要变化是增值税替代营业税，并新增加了定额税，同时对消费税和个人所得税及企业所得税进行了部分调整。老挝目前共有 6 个税种，其中间接税含增值税和消费税两种，直接税有：利润税、所得税、定额税、环境税、手续和服务费等 5 种。

2. 主要税赋和税率

（1）企业所得税

修订后的《税法》规定，企业所得税的征收标准税率从 28%降至 24%，但是商业企业在老挝《外国投资法》下享受较低税率仍将执行原来较低税率的所得税政策。

对于原来交纳较高所得税税率的企业，例如银行，将按照较低的 24%的税率征收所得税。但是，对于从事制造业的企业、进口和烟草销售企业，将按照 26%的税率征收企业所得税。

新《税法》规定，在老挝证券交易所上市的企业，四年之内可以享有 5%所得税税率减免。

（2）个人所得税

薪金、劳务费、动产和不动产所得、知识产权、专利、商标所得等收入必须缴纳所得税，具体税率以 30 万基普为起征点，30 万～150 万基普的税率为 5％；150 万～400 万基普税率为 10％、400 万～800 万基普税率为 15％、800 万～1 500 万基普税率为 20％、1 500 万基普以上税率为 25％。外国人按总收入的 10％计征。

（3）消费税

老挝政府规定：燃油、酒类（含酒精）、软饮料、香烟、化妆品、烟花和扑克牌、车辆、机动船只、电器、游戏机、娱乐场所服务、电信服务、彩票和博彩业服务等 15 类商品和服务必须缴纳消费税，税率从 10％～110％不等（表 3-1）。

表 3-1　老挝各项消费税率

	类型	税率
	易燃燃料	
	超高编号汽油	25％
	普通汽油	20％
	柴油	10％
	航空汽油	10％
	润滑油、液压油、润滑脂、刹车油	5％
	天然气车辆	10％
一般商品	酒精或所有类型的酒精饮料	
	酒精或其他类型的饮料含有 15％酒精，或更高	70％
	酒精、葡萄和其他类型的饮料酒精含量不到 15％	60％
	啤酒	50％
	现成的饮料	
	碳酸饮料，苏打水，无酒精饮料、矿泉水、果汁	5％
	刺激性饮料	10％
	香烟：粉碎、包装的香烟、雪茄烟草	60％
	水晶器具或装饰品	20％
	所有类型地毯	15％
	家具（沙发）价格不低于 10 000 000 基普	15％

（续）

类型	税率
香水和化妆品	20％
扑克牌和其他赌博用具	90％
火箭、烟花、爆竹	80％
车辆	
摩托车	
110cc 以下	10％
111～150cc	15％
151～250cc	20％
250cc 以上	25％
由电力驱动的摩托车，利率应减少 20％	
大型车辆	
对于大型车辆，应当根据能力征收从 25％到 50％。对于特许权税细节，政府应研究并在主席令中体现	
汽车零部件	10％
车辆配件	15％
快艇、游艇、机动运动船只，包括它们的组件和备件	15％
卫星接收器、照相机、电话、音频和视觉录音机、乐器包括它们的设备和组件	10％
电气设备：空调、洗衣机、吸尘器	10％
台球或斯诺克桌、保龄球设备、足球桌	20％
所有类型的游戏设备	30％
娱乐服务、酒吧、迪斯科舞厅和卡拉 ok	60％
保龄球业务	10％
服务涉及按摩、桑拿、美容美发沙龙	10％
电话、有线数字电视、互联网服务	10％
高尔夫活动	10％
彩票活动	25％
赌场活动和老虎机	80％

（左侧纵向标注：一般商品、服务）

资料来源：全球领先法律数据库威科集团，走出去智库（CGGT）整理。

（4）利润税

利润税按照可收税利润（6 000 万基普以上）的 35％起征。

（5）增值税

修订后的《税法》将实施多年的营业税废除，取而代之的是增值税，涉及的行业包括土方开挖、捞沙、建造业的场地清理、印刷服务、保洁服务、安保服务、保险业及在石油、天然气开发和基础设施建设中租赁机械设备。这些行业由原来《税法》规定征收 5％的营业税改为征收 10％增值税。此外，在老挝将提供进口货物及劳务服务的企业按照标准税率 10％缴纳增值税，而增值税将在十分广泛的范围内使用。

3. 海关管理制度

（1）关税体系

老挝政府于 1994 年 12 月颁布实施《统一制度和进口关税商品目录条令》，2005 年 5 月颁布实施《关税法》及 2001 年 10 月颁布实施《商品进出口管理法令》等法律法规，对海关管理作了系列规定。其中《关税法》对进出口商品关税税率，限制、禁止种类，报关，纳税，仓储，提货，出关，关税文件管理及报关复核等作了相关规定。

（2）关税种类及税率

老挝关税分自主关税、协定关税、优惠关税、减让关税和零关税等五种不同的税率。详情可参看《统一制度和进口关税商品目录条令》及有关关税调整通知等文件。

（3）报关流程

货物进入仓库→过磅→填写仓库临时报关单→填写货物临时报关单→报海关审核→报海关领导签字→按税单上税→海关检验货物→付仓库费→海关作记录、进关。

（4）报关所需材料

老挝投资部批文、企业投资许可证、企业申请报告、企业营业执照（复印件）、企业税务登记（复印件）和货物老文清单（含数量、价格、重量、规格等）。

（5）最新进展

据云南省商务厅驻万象商务（企业）代表处 2016 年 2 月发布的消息，老挝将引进智能海关征税新系统，有效防止税收流失并减少文书工作时间。使用新的系统后进口商和出口商必须自行申报进出口货物，并支付相应的关税。此外，老挝财政部与各地方银行合作引入智能税收系统，让企业经营者通过银行实时缴纳税款。

4. 老挝与中国签署的各项协定

（1）中国与老挝签署双边投资保护协定

中国与老挝于 1988 年 12 月签署了《中老贸易协定》《中老边境贸易的换文》。

（2）中国与老挝签署避免双重征税协定

中国与老挝于 1999 年 1 月签署了《中老避免双重征税协定》。

（3）中国与老挝签署的其他协定

中国与老挝还签署了《中老关于鼓励和相互保护投资协定》（1993 年 1 月）、《中老汽车运输协定》（1993 年 12 月）、《中老澜沧江—湄公河客货运输协定》（1994 年 11 月）、《中老旅游合作协定》（1996 年 10 月）、《中老关于成立两国经贸技术合作委员会协定》（1997 年 5 月）、《中国、老挝、缅甸和泰国四国澜沧江—湄公河商船通航协定》（2000 年 4 月）等协定，在投资、旅游、运输等方面规定了相关保护政策。

（4）其他相关保护政策

中国与老挝签署了《中老领事条约》（1989 年 10 月）、《中老民事刑事司法协助条约》（1999 年 1 月）、《中华人民共和国和老挝人民民主共和国引渡条约》（2002 年 2 月）等协定，在司法方面规定了相关保护政策。2002 年 11 月，中国与东盟国家签署了《中国—东盟全面经济合作框架协议》。2004 年 11 月 29 日，在老挝万象召开的第八次中国—东盟领导人会议上，中老签署了《货物贸易协议》和《争端解决机制协议》。

5．投资鼓励政策

（1）税收优惠政策

进口用于在老挝国内销售的原材料、半成品和成品可享受减征或免征进口关税、消费税和营业税。即：进口经有关部门证明并批准的原材料可免征进口关税和营业税；进口老挝国内有但数量不足的半成品 5 年内可按最高正常税率减半征收进口关税和营业税；进口经有关部门证明并批准的老挝国内有但数量不足或质量不达标的配件可按照东盟统一关税目录中的税率征收配件关税及消费税。

进口的原材料、半成品和成品在加工后销往国外的，可享受免征进口和出口的关税、消费税和营业税。

经老挝计划投资部批准进口的设备、机器配件可免征进口关税、消费税和营业税。

经老挝计划投资部或相关部门批准进口的老挝国内没有或有但不达标的固定资产可免征第一次进口关税、消费税和营业税。

经老挝计划投资部或相关部门批准进口的车辆（如载重车、推土机、货车、35 座以上客车及某些专业车辆等）可免征进口关税、消费税和营业税。

（2）地区鼓励政策

老挝政府根据不同地区的实际情况给予投资优惠政策：

一类地区。指没有经济基础设施的山区、高原和平原。免征 7 年利润税，7 年后按 10％征收利润税。

二类地区。指有部分经济基础设施的山区、高原和平原。免征 5 年利润税，之后 3 年按 7.5％征收利润税，再之后按 15％征收利润税。

三类地区。指有经济基础设施的山区、高原和平原。免征 2 年利润税，之后 2 年按 10％征收利润税，再之后按 20％征收利润税。

免征利润税时间按企业开始投资经营之日起算；如果是林木种

植项目，从企业获得利润之日起算。

（3）其他优惠政策

企业可以获得如下 4 项优惠：

第一项，在免征或减征利润税期间，企业还可以获得免征最低税的优惠。

第二项，利润用于拓展获批准业务者，将获得免征年度利润税。

第三项，对直接用于生产车辆配件、设备，老挝国内没有或不足的原材料，用于加工出口的半成品等进口可免征进口关税和赋税。

第四项，出口产品免征关税。

对用来进口替代的加工或组装的进口原料及半成品可以获得减征关税和赋税的优惠；经济特区、工业区、边境贸易区以及某些特殊经济区等按照各区的专门法律法规执行。

（七）主要政府管理部门

老挝主要政府管理部门（表 3 - 2）。

表 3 - 2　老挝主要政府管理部门

政府部门名称	简介	网址
计划与投资促进局（Investment Promotion Department，Ministry of Planning and Investment，MPI）	该局隶属于计划与投资部（MPI），主要职责包括促进外商直接投资、提供投资优惠项目、评估外商投资计划、收集投资数据以及监管投资行为等。此外，中央和省级投资促进局均设置了一站式服务办公室（One-stop service office，OSO），主要负责接收并处理受管制的商业部门以及特许经营的申请，并为外国投资者在老挝的投资活动提供便利服务	http://www.investlaos.gov.la

（续）

政府部门名称	简介	网址
投资促进委员会(Investment Promotion and Management Committee，IPMC)①	该委员会是根据修订后的《投资促进法》(No. 14/ NA, 17 November 2016)设立的，由副总理率领的跨部门委员会。由 10 个部委的代表组成，主要负责审批和监督所有对受管制商业部门、特许经营和经济特区的投资	
工业与贸易部（Ministry of Industry and Commerce，MOIC）	该部系该国的贸易主管部门〔下设省（市）工业与贸易厅、县工业与贸易办公室〕，主要职责是制订、实施有关法律法规，发展与各国、地区及世界的经济贸易联系与合作，管理进出口、边贸及过境贸易，管理市场、商品及价格，对商会或经济咨询机构进行指导以及企业与产品原产地证明管理等	http：//www. moic. gov. la
外交部（Ministry of Foreign Affairs，MOFA）	该部主要负责该国的对外事务。外国人到老挝务工所需的工作签证须由在老挝注册的公司和项目单位向老挝外交部和老挝社会与福利部申请，经批准后由老挝外交部领事司通知驻外使（领）馆颁发	http：//www. mofa. gov. la

---

① Lao Legal Update ：Lao Government Makes Significant Reforms To Investment Promotion Law，Regulatory Authorities，https：//www. dfdl. com/resources/legal-and-tax-updates/lao-legal-update-lao-government-makes-significant-reforms-to-investment-promotion-law/。

（续）

政府部门名称	简介	网址
劳动与社会福利部（Ministry of Labor and Social Welfare, MOLSW）	该部主要职责包括：制定、实施和监督有关引进、管理外籍劳工的政策，负责老挝全国劳动就业组织和管理，批准和管理外籍劳工的引进配额，对外籍劳工进行登记以及签发、更新工作证等	http：//www. molsw. gov. la
自然资源与环境部（Ministry of Natural Resource and Environment, MONRE）	该部是老挝的土地管理和环保管理部门，其主要职责包括：监督其他政府部门及公民管理和使用土地的情况，负责土地测量、土地使用规划、土地税征收、土地登记、签发证明土地使用权的地契等工作，以及颁发或没收环保许可证，指导环评工作，研究、分析和处理项目的环保问题等	http：//www. monre. gov. la
农业和森林部（Ministry of Agriculture and Forestry, MAF）	该部是专门负责管理老挝农业、林业的政府部门，其下属机构包括：森林监督部（DOFI）、农业部、森林部（DOF）、灌溉部（DOI）、畜牧与渔业部等九个部门	http：//www. maf. gov. la
老挝中央银行（Bank of the Lao PDR）	该银行是老挝的国家银行，是老挝商业银行和金融机构的监管部门，主要负责老挝货币、信贷方面的宏观管理，金融、货币法规的制定，外币申请和进口物品的审批，以及出具外资资金汇入的银行证明等工作	http：//www. bol. gov. la

资料来源：走出去智库（CGGT）根据公开信息整理。

四、案例分析

从罂粟园变橡胶园——云南农垦的走出去历程[①]

在全球经济一体化的滚滚时代潮流中，如何加快"走出去"步伐，利用国际国内"两个市场""两种资源"增强国际化经营能力，实现转型升级，成为摆在各类企业面前紧迫的时代命题。天然橡胶是资源型产业，竞争优势主要体现在成本方面，而由于我国能够种植橡胶的土地越来越少，发展遭遇瓶颈。加上我国天然橡胶特别是云南天然橡胶单位面积产量已居世界先进水平，滇胶总产量难有新突破，造成我国天然橡胶自给率不断下降。但从另一方面来看，巨大的市场需求为该产业提供了广阔的成长空间。因此，走出国门推进与东南亚、南亚合作开发橡胶种植成为解决中国橡胶供给瓶颈最现实的途径，也成为中国政府和广大企业的战略选择之一。

老挝作为一个传统的农业国仍有大片的土地可以开发用于橡胶种植，可开发地区土地面积达 700 万公顷。虽然局部地区的气候因干旱、洪涝等因素不利于开展农业生产，但从大部分地区来看，充足的光照和降水有利于发展农业生产。适宜的气候与地理特征使老挝成为公认的橡胶宜植区。另外，老挝政府欢迎外国对可再生种植

---

① 资料来源：

新华网．中国云南农垦集团与老挝合作拓展天然橡胶产业［OL］．（2015-11-25）. http：//news. xinhuanet. com/fortune/2015-11/25/c＿1117258800. htm.

中国橡胶网新闻中心．云南农垦集团改革发展纪实［OL］．（2015-08-24）. http：//news. cria. org. cn/6/28561. html.

云南农垦集团有限责任公司官网．云南农垦集团历史沿革［OL］．（2015-06-29）. http：//www. ynyunken. com/news/1438834058730. html.

湖南农业对外合作网．云南农垦在老挝投资橡胶产业［OL］．（2015-03-27）. http：//www. hnagri. gov. cn/web/gjhzc/gjhz/nyzcq/content＿175332. html.

中国财经网．橡胶林里流淌的财富与希望［OL］．（2013-11-12）. http：//finance. china. com. cn/roll/20131112/1964485. shtml.

经济的投资，他们认为发展橡胶种植业，可带动当地经济发展，加快人民脱贫致富。老挝与我国签署的有关替代发展的经济合作协议在开启老挝引进外资大门的同时，更成就了替代发展"见风长"的燎原之势。

跟着政策"走出去"

1951 年，为屯垦戍边和建立我国天然橡胶基地，云南农垦应运而生。在经历了一系列变迁以及经济体制改革后，1996 年 2 月，云南农垦集团组建成功，并成立了云南农垦集团有限责任公司，与云南省农垦总局实行"两块牌子、一个班子"的管理体制。

2004 年，时任国务院副总理的吴仪来到老挝，和老挝北部五省签订了 500 万亩橡胶替代发展的协议。500 万亩橡胶按亩产 150 千克计算，每年产值可达 150 亿元人民币。老挝北部五省总人口不到 80 万，如果按外企和老挝五五分成来算，人均收入可达近万元人民币。云南农垦积极响应国家和云南省委、省政府的号召，"走出去"进行替代发展，多次深入老挝进行考察调研，对在传统罂粟种植区域开展橡胶种植进行探索研究，并与老挝北部四省进行合作洽谈。

与中国云南接壤的老挝北部，土地非常适应种植罂粟，过去曾有大量的罂粟种植，尤其以波乔、琅南塔、丰沙里和乌多姆赛北部四省最为普遍。2006 年，根据中老两国政府签署的《中老联合声明》中提出的关于大力发展边境地区替代种植产业的要求，云南农垦指派云南天然橡胶产业股份有限公司在老挝南塔省正式注册成立云橡投资有限公司，在老挝传统罂粟种植区发展替代种植产业——橡胶。公司注册资金 100 万美元，主要从事天然橡胶开发种植，橡胶生产、加工、产品销售及相关贸易，农业开发，种苗供应，技术培训、服务等业务。公司负责实施云南农垦在老挝北部规模化橡胶种植开发合作项目。该项目重点建设技术培训中心、苗木繁育中心及示范胶园基地。在老挝北部的开发从琅南塔省开始，逐步向沙耶武里、波乔、乌多姆赛等省发展。2006 年完成一期投资 1 000 万元人民币。2007 年云橡公司在老挝投资 2 900 万元，建立苗圃基地 688 亩，新增开垦定植橡胶 14 000 亩。云南橡胶产业开始走向东南亚，走向世界。

替代发展惠及老挝民众

经过 10 年的发展，至 2016 年，云橡公司先后与老挝琅南塔、沙耶武里、波乔、琅勃拉邦北部 4 省签订橡胶产业开发协议，已累计投资 2.82 亿元人民币，发展橡胶种植基地 18 个，种植橡胶 89 190 亩，建立优良种苗基地 1 063 亩，带动当地村民发展胶园 11 万亩，建成年产 20 000 吨的南塔省最大橡胶加工厂。仅橡胶种植基地就为当地村民提供 6 000 多人就业，短期劳务用工达 10 万余人次，累计发放劳务费 9 600 万元人民币。

以云橡公司南塔省橡胶加工厂为例，该厂建于 2009 年，招收了大量老挝百姓工作，对各村胶民每年两次进行免费技术培训。而随着产量的增加，环保问题引起了云橡公司的重视。2012 年云橡公司按照中国国内胶厂建设标准，自主投资了 300 万元人民币安装废水处理设备。此前，老挝对橡胶产品质量检测和环保检测都是空白。建设琅南塔橡胶厂的时候，老挝政府也没有提出过环保要求。因此，从某种程度上讲，云橡公司南塔制胶厂的环保建设成为老挝工业环保的标杆。

云橡公司在老挝设立橡胶种植基地，基地的育苗、开垦、种植、管理等工作为当地村民提供了大量就业机会，极大提高了当地村民收入和生活水平。该公司还千方百计保护当地胶农的利益。2015 年胶价一度走低，公司给胶农的保护收购价比市场价高出两倍，增加胶农收入的同时，也增强了他们对橡胶替代种植业的信心。

此外，云橡公司注重企业社会责任，在发展的同时帮助当地建设基础设施，建房子，建学校，通水，通电，与当地百姓共享发展成果，协助项目所在地政府开展禁毒活动并提供资金支持。

在云橡公司的努力下，老挝橡胶产业的种植已初见规模，但后续的加工产业发展仍具难度。云橡公司董事长李思军认为，从长远来看，云橡公司与老挝农林部合作建设的天然橡胶产业研究院对老挝和老挝人民的意义才是巨大的。天然橡胶产业研究院将帮助老挝从产业的角度制定产品标准、种植标准、提供技术人员培训、规范产业环境，形成从种植、加工、研发到销售一条龙的产业链。云橡公司致力于帮助老挝在世界天然橡胶领域打造出除了马来西亚、泰国、越南、中国胶标准之外的第五个老挝标准，这对老挝天然橡胶产业的发展具有更为重要的意义。

云南农垦未来展望

经过 60 多年的深厚积淀，云南农垦集团在产业组织化程度和品牌铸造、市场影响等方面基础夯实。加之替代种植政策对境外企业提供专项资金、产品返销、通关便利等方面的支持，也为企业"走出去"如虎添翼。

随着"一带一路"、孟中印缅经济走廊、大湄公河次区域合作等一系列国家重大战略的实施，将云南推向改革开放的前沿。云南农垦集团抢抓机遇，乘势而上，绘就了到 2020 年"走出去"的宏伟蓝图——在老挝以云橡公司为主体，在现有产业基础上，采取种植与并购相结合，在 6 年内实现公司核心橡胶示范种植基地达到 50 万亩，辐射带动 300 万亩橡胶资源，再布局建设一批橡胶加工厂，到 2020 年形成 30 万吨橡胶产销规模，并辐射周边泰国、柬埔寨、越南、缅甸四国。

与老挝政府合作设立老中天然橡胶产业集团股份有限公司，使其成为整合老挝天然橡胶和建立行业标准的市场主体。通过建立国家级天然橡胶产业科技标准示范中心，以及天然橡胶行业技术标准和行业技术规范的制定，努力推动云南农垦集团在老挝发展天然橡胶产业的战略上升为老挝国家的天然橡胶产业发展战略，积极促进老挝天然橡胶产业的健康发展。

预计到 2021 年，云南农垦在老挝、缅甸、柬埔寨等区域将实现发展橡胶资源 70 万亩，辐射 300 万亩，橡胶加工厂产能达 50 万吨，销售收入达 100 亿元。此外，云南农垦集团在新加坡设立的贸易公司，既打开了同国际产胶大国进行现货交易的便捷通道，又为云南农垦国际化融资提供了平台，实现国际三大交易所的交易联动，成为云南农垦集团开展天然橡胶全球贸易的重要通道。

第四章　缅甸农业投资合作机遇与实务指南

一、缅甸农业发展现状与未来趋势

（一）地区资源禀赋

缅甸国土面积 67.7 万平方千米，相当于中国云南、贵州、重庆三省市的面积总和。首都设于内比都，全国分为内比都、仰光两个直辖市和七省、七邦。

2016 年，缅甸全国总人口 5 440 万。缅甸气候、地理和水文条件优越，拥有丰富的森林、渔业、矿产、石油天然气资源，可谓一座巨大的资源宝库。

缅甸可耕面积 1 077 万公顷，人均耕地面积 0.2 公顷，森林面积 3 013.4 公顷，森林覆盖率 42.92%。大部分地区属于热带季风气候，境内湖泊及河流众多，水资源丰富，适宜多种作物生长。

缅甸矿产资源主要有锡、钨、锌、铝、锑、锰、金、银等，宝石和玉石在世界上享有盛誉。石油和天然气在内陆及沿海均有较大蕴藏量。水力资源丰富，水力资源占东盟国家水力资源总量的 40%，但由于缺少水利设施，尚未得到充分利用。

缅甸的主要工业有：石油和天然气开采、小型机械制造、纺织、印染、碾米、木材加工、制糖、造纸、化肥和制药等。

（二）农业发展现况

农业是缅甸的国民经济基础，农产品是缅甸第二大出口商品，也是国家经济最重要的产业。根据世界银行的估测，缅甸农业生产总值占国内生产总值的 38%，农产品及加工产品出口额占全国出口总额的 23％。缅甸农业使用的劳动力占比在全国劳动力中超过 60％。缅甸可耕地面积约 1 800 万公顷，尚有 400 多万公顷的空闲地待开发，主要农作物有水稻、小麦、玉米、花生、芝麻、棉花、豆类、甘蔗、油棕、烟草、黄麻和橡胶等。缅甸农业以种植水稻为主，是世界大米主要输出国之一。水稻产值约占整个农业部门产值的 60％。缅甸商务部数据显示，2015—2016 财政年度缅甸出口大米 150 万吨，农产品出口总额为 25 亿美元。

2016 年 7 月，民盟政府官方宣布了旨在发展市场经济的"12 点经济计划"。缅甸政府为达到经济计划的既定目标，计划加强农业生产，提高粮食安全，增加出口，提高以农业为第一收入来源的农民的生活水平，并同时改革农业部门的法律和政策。

（三）农业发展机遇

缅甸政府鼓励本国投资者和外国投资者与当地企业合资或者 100％绿地投资于农机工业，组装和生产轻型农业机械和小型农具，制造农业投入物和相关的支持农业生产的产品。根据缅甸商务部 2015 年 11 月 11 日发布的 No.96/2015 号通知，外国人可以与缅甸公民以合资企业（没有当地居民最低份额的限制）的方式进行化肥、种子和杀虫剂等产品的贸易。外国投资者可以考虑投资的其他方向是：农业设备和机械，化肥和用来保护农产品的化学品生产，合约式农业，增值生产，当地农产品包装产业，仓库和冷库设施，农民小额信贷和贸易融资服务。

1. 农业机械及设备

缅甸可以通过先进的机械设备来制造成品和提升产品价值链，借此在全球供应链市场站稳脚跟。然而，目前缅甸产成品仍是依靠传统体力劳动，缺乏先进的技术。缅甸政府和国内私营部门的首要任务之一就是发展农机企业。政府一直鼓励农业企业通过精炼厂、包装设备和先进的轧钢厂来增加农产品出口和生产高质量的成品。

对于外国农业设备和农用机械制造商来说缅甸市场有巨大潜力，表现在缅甸对装配和制造各类轻型重型农业机械、动力耕耘机、手扶拖拉机、水泵、洒水装置、滴灌设备、移栽机、脱粒机、播种机、除草机、干燥机和农场储存设施有极大需求。

2. 肥料

与其他东盟国家相比，缅甸肥料市场比较公开且有竞争力。肥料是缅甸农业领域进口量最大的产品之一，每年从中国和泰国进口120万～140万吨的化肥，约占国内总使用量的80%。缅甸15%的肥料在国内生产，国内尽管可以用天然气合成氨，但仍在肥料生产方面没有竞争优势。缅甸政府大力鼓励有机农业。但由于有机肥料对农产品的作用缓慢，当地农民更喜欢使用能更快产生作用和更大程度促进丰产丰收的化学肥料。

由于缅甸政府设定了更高的农业产量目标，国内经销商一直在寻找更高质量的肥料，导致缅甸国内对高品质肥料的需求持续增加，因此外国肥料公司将有机会向缅甸出口肥料。

二、缅甸农业投资风险分析

（一）缅甸投资风险的国际评价

1. 基础设施

缅甸工业基础薄弱，基础设施落后，是世界上最不发达国家之一。在2015—2016年度世界经济论坛全球竞争力指数排名中，[①]其基础设施在140个国家中位列第131位。

缅甸的交通设施落后，在140个国家中位列第135位。其中公路设施排名第136位；铁路设施排名第96位；港口设施排名第123位；机场设施排名第132位。缅甸的公路全长达到15万千米，但是硬化路面只占25.8%。缅甸的铁路全长超过6000千米，但是铁路质量差强人意，且多为窄轨。缅甸交通以水运为主，缅甸的水运网络全长13 046千米，排在世界第10位。从地理位置来看，缅甸处于东南亚地区的贸易枢纽地位，但是其港口设施水平落后，与

---

① 在2016—2017年及2017—2018年的全球竞争力指数排名中，缅甸均未上榜。

这一地位极不匹配。缅甸的航空设施处于落后水平，航空业的发展主要来自旅游业的拉动。

缅甸的电力与通信设施严重不足，在 2015—2016 年度"全球竞争力指数"排名中，缅甸的供电能力排名第 118 位；移动电话用户数量排名第 135 位；固话用户数量排名第 124 位。虽然通讯设施不发达，但是移动通讯的设施在逐渐增加。

缅甸的供水能力在区域很有竞争力。缅甸有着丰富的水资源，其中 71% 的人口能够获得水资源。

缅甸是连接中国、南亚和东南亚的十字路口，这样的战略位置为缅甸成为连通中国、印度和东盟国家的陆上枢纽提供了条件。但缅甸基础设施建设面临众多制约因素，例如，交通管理组织体系异常复杂，且政府内目前没有一个协调机构负责制定总体道路规划，再加上缅甸国内民族冲突频发，严重阻碍了缅甸交通设施发展。

随着缅甸改革措施陆续推出、西方对缅放宽政策，缅甸不断加强基础设施建设。2015 年 2 月，缅甸首个国家运输总体长期规划起草完毕，覆盖海陆空 3 个运输领域。这项规划在缅全国范围内划定了 10 个运输走廊，并以这 10 个走廊为基础发展运输系统。该规划中包括 142 个项目，其中航空运输项目 32 个，水路运输项目 15 个，国内水路运输项目 33 个，铁路运输项目 14 个，公路运输项目 48 个。该规划已得到缅甸政府的批准，计划逐年分批落实。缅甸政府公布的"经济和社会改革框架"，强调要把改善地区交通促进经济一体化放在优先位置，同时还将提高城乡之间的道路连通。此外，缅甸的天然气储存量非常大，随着基础建设的发展，这些能源可以得到更有效的利用。

2. 经商便利程度

自军政府执政以来，缅甸受到以美国为首的西方国家的经济制裁和贸易禁运，导致市场体制不完善，缅甸经济停滞不前。

1997 年缅甸加入东盟后，与东盟及周边国家关系有较大发展。2010 年 11 月 7 日，缅甸举行全国多党民主制大选，开始了政治民主化转型，2011 年和 2016 年先后执政的巩发党政府以及民盟政府，在对外交往上采取"大国平衡"战略与西方国家关系逐渐缓和。截至 2017 年 11 月，缅甸已与 121 个国家建立了外交关系。

2011 年，总统吴登盛上台，缅甸实行全面经济改革，放宽投资政策，改革税率及法律制度，2011 年的经济增长率为 8.8%。对于外来投资来说，缅甸才刚刚开始发展，因此很多基础设施还不完善。另外，由于多年的军政府管理、对外封闭以及严厉的经济制裁，缅甸经济基础薄弱，恢复得比较缓慢。例如，金融市场仍然落后，尤其是银行业对外开放极为有限。2015 年缅甸开始批准外资银行进入，目前仅批准 13 家外资银行在缅甸设立分行，并且对外资银行的业务限制较大。

亚洲国家为缅甸最大的投资方，约占外商投资的 90%。目前，中国（含香港、澳门）是在缅甸投资最多的国家，其次是泰国和新加坡。缅甸自然资源丰富，地理位置优越，是连接东南亚和南亚两大市场的重要通道之一。目前国内政局相对稳定，政府欢迎外国企业到缅甸来投资，且允许投资的范围广泛，包括农业、畜牧水产业、矿业、能源、制造业、建筑业、交通运输业和贸易等。

为进一步吸引外资，缅甸于 2012 年 11 月颁布《外国投资法》，2013 年 1 月颁布缅甸《外国投资条例》。为增强国内外投资者的投资信心，让国内投资者享有与国外投资者同等的待遇，缅甸政府合并了 2012 年《缅甸外国投资法》（FIL）和 2013 年《缅甸国民投资法》（MCIL）两部法律，于 2016 年 10 月颁布了新的《缅甸投资法》，2017 年 3 月颁布了《缅甸投资条例》（Myanmar Investment Rules）。此外，缅甸于 2011 年 1 月颁布了《经济特区法》和《土瓦经济特区法》，为吸引外来投资于 2014 年 1 月修订出台了新《经济特区法》并于 2015 年颁布了相关实施条例，同期推进"土瓦经济特区"、"迪洛瓦经济特区"及"皎漂经济特区"3 个特区的建设。

据世界银行和国际金融公司发布的《营商环境报告 2018》（Doing Business 2018），缅甸的经商便利程度在 190 个国家中，排名第 171 位，相较于 2017 年跌落 1 位。

《营商环境报告 2018》中以下 10 个方面缅甸在 190 个国家中

的排名如下：

- 设立企业便利程度（第 155 位）；
- 获得建设许可便利程度（第 73 位）；
- 获得电力供应便利程度（第 151 位）；
- 财产注册便利程度（第 134 位）；
- 获得信贷便利程度（第 177 位）；
- 投资者保护力度（第 183 位）；
- 缴税便利程度（第 125 位）；
- 跨境贸易便利程度（第 163 位）；
- 执行合同便利程度（第 188 位）；
- 破产处理便利程度（第 164 位）。

与 2017 年相比，缅甸只有一项指标排名得到提升，财产注册便利程度较 2017 年上升了 9 位，缅甸政府通过减免印花税，使财产注册便利程度有一定提升，排名由 2017 年的 143 位上升至 134 位，提高了 9 个位次。

与此同时，缅甸其他 9 项指标排名均有不同程度的下降，如设立企业便利程度较 2017 年下降了 9 位，获得建设许可便利程度下降了 7 位。

报告同时指出，缅甸经商便利程度整体排名在东亚和太平洋地区国家中位居最末，且比该地区在全球的平均排名低 85 位（该地区平均排名为 92）。

3. 腐败

贪腐问题被认为是在缅甸经商所面临的最大问题。自军政府执政以来，缅甸一直处于贪污腐败程度最高的国家之列。

根据透明国际组织（Transparency International）公布的 2016 年"全球廉洁指数"（Corruption Perceptions Index，CPI）[①] 国家

---

① "全球廉洁指数"由透明国际（Transparency International）编制，该组织整合多个知名研究机构的调查评估报告，反映的是全球各国经商者、学者及风险分析人员对世界各国腐败状况的观察和感受，并对之进行评分和排名。

排名，在 176 个国家中，缅甸排名第 136 位，得分 28 分（满分 100 分，得分越高，公共部门腐败程度越低），其所处的亚太地区的平均得分为 44 分。丹麦和新西兰（90 分）公共部门廉洁程度得分最高，并列位于首位。索马里公共部门的腐败程度最高，得 10 分居于末位。

根据 2015 年的该项排名，缅甸得分 22 分，在 167 个国家中排名第 147 位。而在 2014 年的排名中，缅甸得分 21 分，在 175 个国家中位列 156 位。

以上数据可以看出，近两年来，缅甸贪腐程度相比之前有所减轻。这主要是由于自 2013 年以来，缅甸政府加强打击腐败力度，陆续出台透明、民主的法律法规，并签署了《联合国反腐败公约》。但在全球排名中仍处于十分靠后的位置，可以看出缅甸公共部门的贪腐问题仍旧十分严峻。

4. 政治/安全风险

长期以来，缅甸政局动荡，恐怖活动与民族冲突时有发生，造成严重社会骚乱。缅甸军方、政府与克钦邦等大小多股反政府武装之间存在着错综复杂的矛盾。2016 年民盟政府上台以来，将民族和解、实现全国停火作为首要任务，但政府的诸多努力并没有换来人们所预期的和平进程的好转，一方面，缅北冲突依然加剧，据缅甸国务资政部新闻发布委员会消息，2016 年 11 月 20～30 日，冲突已经造成 14 人死亡、50 多人受伤，14 000 多名缅甸边民逃至中国境内；另一方面，若开邦局势持续紧张。缅甸政府 2017 年 9 月 5 日通报，若开邦发生 97 起袭击事件，造成数十人丧生，将近 3 万人流离失所。这些都表明缅甸面临高度的安全政治风险。

根据《2016 全球风险地图》的评估，缅甸政治风险为高风险，安全风险为中等风险。边境地区及暴乱地区的安全风险为高风险。

（二）在缅甸投资的主要风险因素

尽管缅甸的经济潜力引起了大量投资者的兴趣，缅甸仍是一个高风险的投资地区。外国企业必须意识到，若想获得缅甸尚未开发的市场的高回报，必须承担一系列极高的运营风险，主要包括欠发达的物流网络、薄弱的法治、不明朗的外国直接投资环境和多层面的繁文缛节。缅甸需较长时期才能实现对基础设施和教育的必要投资，以及改善国内政治的稳定和安全。因此，当投资者将缅甸作为投资对象时，必须做好规避风险的准备。

1. 贸易与投资风险

缅甸市场具有巨大的投资潜力，大量的人口，优渥的地理位置和丰富的自然资源无不吸引着外国投资者。然而，缅甸多年遭受国际制裁，国家事务遭外国插手，导致国内经济并不发达，这也意味着新兴投资者们需承担高风险。银行业薄弱、官僚作风严重、缺乏对外国投资者的法律保护和公共部门的腐败高发等都是外国投资者需要面对的挑战。

2. 犯罪和安全风险

缅甸政局的不稳定和各地区有限的法治能力使得犯罪活动频繁出现，同时也给合法企业的经营带来了风险。主要体现在，有组织犯罪猖獗。他们通过建立缅甸政治高层和犯罪活动之间的联系，助长假冒伪劣商品的泛滥，从而加剧腐败，破坏正常的商业活动。在缅公司长期受到网络攻击和金融犯罪的侵害，但政府为此提供的保护却很少。同时，造成缅甸国内环境不稳定的原因还有长期的种族冲突，宗教冲突和政治动荡。但这些恐怖主义和军事活动并不是针对外国人的，因此对外国人和其商业财产的暴力犯罪概率很低。

3. 物流风险

从地理位置上看，缅甸有条件发展成为亚洲货运区域的枢纽。但港口基础设施薄弱，铁路匮乏，道路质量较差，航空运输量下降等给来缅投资的企业带来了极大的风险，延长了进出口的周期，同时更大的风险则是由于在缅甸许多领域缺乏网络和通信设施。当然，在缅甸投资仍然有很多优势，例如丰富的国家自然资源（包括矿产和农业），廉价的公共事业设备和良好的水供应，尽管供应仍不稳定。

4. 劳动力市场风险

缅甸的人口多且年轻，雇佣成本相对低廉，这为纺织业等劳动密集型行业的企业提供了大量劳动力。但值得注意的是，缅甸的劳动力市场有很大缺陷，主要是由教育和医疗投入不足，城镇化水平低下而导致的企业招工难度的加大。此外，从长远角度来看，随着劳动法规的完善和工会组织权力的增强，劳动力的雇佣成本会逐渐提高。

三、缅甸农业投资合作实务指南

（一）产业准入与监管

1. 外国投资限制

2016 年《缅甸投资法》（MIL）① 于 2016 年 10 月 18 日生效。该法将 2012 年《缅甸外国投资法》（FIL）和 2013 年《缅甸国民投资法》（MCIL）两部法律进行了合并，确定了投资领域的整体法律框架。随后颁布生效的法规还包括：2017 年 3 月 30 日生效的《缅甸投资条例》、2017 年 4 月 1 日颁发的第 13/2017 号《缅甸投资委员会通知》（鼓励投资类）以及 2017 年 4 月 10 日颁发的第 15/2017 号《缅甸投资委员会通知》（限制投资类）。这些法律、法规共同组成了当前缅甸外国投资法律体系的主体部分。

《缅甸投资法》确定的禁止的投资领域包括：

- 影响传统文化和风俗的投资；
- 对自然环境和生态系统造成破坏的投资；
- 将有害或有毒废物输入缅甸联邦的投资；
- 引进国外尚处于测试阶段或尚未获批使用和种植的科技、药品、植物、动物和仪器的投资，但以调研和发展为目的的投资

---

① Myanmar Investment Law（MIL）（English Version），http：//www. dica. gov. mm/sites/dica. gov. mm/files/document-files/myanmar _ investment _ law _ official _ translation _ 3-1-2017. pdf。

除外；

- 对公众有害的投资；
- 现行法律所禁止的制造产品或提供服务的投资；
- 使用危险化学品的投资；
- 对可由公民兴办的制造业和服务业的投资；
- 对可由公民兴办的农林牧渔、育种业务或缅甸海洋渔业的投资。

根据新《缅甸投资法》，国内外投资者拟投资于国家重要的战略投资项目、大型的资金密集型投资项目、可能对自然环境和当地民众造成重大影响的经济项目、使用国有土地和建筑的投资项目以及政府规定的其他相关项目的，必须向缅甸投资委员会提出申请。

在《缅甸投资法》的基础上，第 15/2017 号《缅甸投资委员会通知》① 将限制投资的经济活动分为四个不同的类别，具体如下：

第一类，仅能由缅甸政府从事的投资活动。包括：政府通知明确限制的国防安全产品制造、武器和弹药制造、邮票发行、空中交通服务、领港服务、天然森林管理（与减少碳排放相关的业务除外）、放射性金属（如铀和钍）的可行性研究和生产、电力系统管理、电力工程检测等。

第二类，禁止外国投资者从事的投资活动。包括：民族语（包括缅甸语）期刊的刊印和发行、淡水渔业及相关业务、动物进出口检疫站的设立、宠物护理服务、森林区域和政府管制天然林区域的林业产品制造、导游服务、中小规模矿物质提炼等。

第三类，允许与缅甸公民合资的投资活动。包括：渔港和鱼类拍卖市场的建设、与渔业相关的研究活动、兽医诊所、农作物的种植、分销和出口、塑料制品的生产和国内营销、氧化物和压缩气体的生产和国内营销等。

---

① 《通知》原文：Myanmar Investment Commission Notification No. 15/2017-List of Restricted Investment Activities，http：//www. dica. gov. mm/sites/dica. gov. mm/files/document-files/20170419 _ eng _ 42 _ update. pdf.

第四类，须经相关部委审批兴办的投资活动。例如，有线电视、外文期刊报纸的出版等须经信息部批准，邮政、电信、民航培训、航空器维修服务等须经交通和通信部批准等。

中国投资人赴缅甸投资之前，需要掌握哪些行业和领域为外国投资禁止的领域。在缅甸限制投资活动的领域内，根据《缅甸投资法》和第 15/2017 号《缅甸投资委员会通知》规定，允许与缅甸公民或实体合资经营的投资活动，须经有关政府部门批准，且外国投资所占比例最高不得超过 80%。

除《缅甸投资法》对外国投资的限制外，缅甸的《国有经济企业法》（State-owned Economic Enterprises Law of 1989，SEE）通过将特定投资活动保留给缅甸的国有企业，对外国投资进行限制。此类活动包括：

- 柚木萃取和销售；
- 森林种植园培育和保护；
- 石油和天然气勘探、提炼和销售；
- 珍珠、翡翠和宝石勘探、开采和出口；
- 鱼虾育种和生产；
- 邮政和电信服务；
- 航空及铁路运输服务；
- 银行和保险服务；
- 广播和电视服务；
- 金属勘探、开采和出口；
- 电力行业；
- 与安全和防御有关的产品制造。

近年来，缅甸积极向外国投资者在上述领域开放。目前，有大量的国际公司参与缅甸的石油和天然气项目；两家外国公司从 2014 年开始提供电信服务；尽管外资银行依然会受到多项限制，但 2014 年来仍有 13 家外资银行获准在缅甸设立分行。电力行业也已对外国投资开放。

在缅甸并非所有外国投资均受《缅甸投资法》的限制。一些并不符合《缅甸投资法》投资标准的投资项目（通常为服务公司）依然可以开展。上述公司根据投资和公司管理局（Directorate of Investment and Company Administration，DICA）相关规定而注册成立，但不享有《缅甸投资法》给予的利益。

2. 缅甸特定政府采购项目的本土化要求

根据 2014 年缅甸《消费者保护法》 （Consumer Protection Law），公司不得生产、买卖和/或提供无缅甸语使用说明书，或者无与原始说明书配套的缅甸语说明的任何产品。

3. 其他市场壁垒

土地和房地产市场投资，缅甸对外国投资有一定的法律限制。意欲赴缅甸投资土地或房地产的中国投资人需要注意，外国公司被禁止在缅甸拥有土地。根据 2016 年 1 月 29 日颁布的《共有物业法》，在一栋共有物业大楼中，外国人最多可拥有大楼全部单位的40%，并可长期居住。

我们再看在金融和银行领域，目前在缅甸，投资的主要障碍之一是在缅甸境内融资困难及金融、银行系统效率低下，接受和完善资产抵押和贷款担保也非常困难。预计随着更多的外资银行在缅甸开展业务，这一情况将得到改善。

其他投资壁垒包括：软硬件基础设施较差，政局不稳，劳动力水平不高（主要为非熟练劳工的劳动力构成），以及反复多变的法律环境。

4. 外国投资激励

缅甸为鼓励外国投资而出台了税收优惠等政策。外国投资者获得由缅甸投资委员会颁发的许可证的，有权享受《缅甸投资法》下的各项津贴和税收优惠。

其中，主要的激励措施包括：长期土地租赁权、政府担保和长达 5 年的免征所得税。

在大规模的劳动密集型项目中，《缅甸投资法》建立了一个提供税收优惠的分类系统，而这对于投资者而言非常重要的。针对关键行业和欠发达地区，该法将缅甸最不发达的地区划分为区域 1，并为该区域中的所有项目提供 7 年免税期。将发展中地区划分为区域 2，并提供 5 年免税期，此外还为发达地区（区域 3）提供了 3 年的免税期。对优先领域，或是对包括制造业、基础设施建设、农业和食品加工在内的劳动密集型产业进行投资的，则可享受进一步的鼓励政策。《缅甸投资法》对土地租赁的规定也进行了改革。外国投资者现可直接向私人业主租借土地，同时还可能获得比欠发达地区的"50 年＋10 年＋10 年"标准期限更长期的租约。

此外，缅甸投资委员会还可以根据投资者的申请，额外酌情给予多项政策倾斜，包括：加速资本资产折旧的权利，外籍员工有权享受适用于居住在缅甸的公民的所得税税率，豁免关税等。

此外，在缅甸经济特区（Special Economic Zone，SEZ）投资的外国投资者，可以享受额外的激励措施。此类激励措施包括：第一个 7 年，免征所得税；接下来的 5 年，减征所得税 50％，特定货物享受为期 5 年的关税豁免。

（二）劳动就业要求

1. 赴缅甸工作的中国籍员工/外籍员工

中国企业的中国籍员工或外籍员工赴缅甸开展工作，需关注缅甸相关的法律规定。

2017 年颁布实施的《缅甸投资条例》删除了雇佣缅甸公民的比例要求，并允许企业在技术类职位上雇佣任何国籍的公民。但是，非技术职位目前仍只能由缅甸公民担任。同时，该《条例》还要求企业针对同一职位中的缅甸公民和外国公民，给予相同的工资。

在缅甸，关于外国工人的规章制度和要求在不断变化，缅甸政府在每次应用此等规定时，都会有所侧重。但是，所有外国公民必须首先获得商务签证，才能在缅甸工作。

缅甸不要求外国工人一定具备工作许可证，但必须要具备有效的商务签证或临时居留许可证。

外国公民的商务签证分四类：70 天单次入境；3 个月多次入

境；6个月多次入境；1年多次入境。通常，多次入境签证仅发给到过缅甸两次或三次以上的外国人。尽管3个月、6个月或1年多次入境签证在其注明的整个时间段内均有效，但作为一项移民政策的管理措施，持此类签证的外籍人士在缅甸的最长停留期仍为70天（即需要外籍人士每70天进行一次离境和入境）。

根据《缅甸投资法》及《缅甸投资条例》，获得缅甸投资委员会所颁发的投资许可证的企业，对在该企业内工作的外籍员工，有具体的工作许可和停留许可的相关规定。

对于在无须获有缅甸投资委员会所颁发的投资许可证的企业（即仅根据投资和公司管理局注册成立的公司）服务的外籍员工，并没有执行此等要求。

目前，尽管缅甸暂时没有一项专门负责工作许可证的审批制度，但可以申请临时居留许可证。临时居留许可证基本上取消了在缅甸的持3个月、6个月或1年多次出入境签证的外国人每次最长停留期为70天的要求，但并不能作为一个签证独立使用。

在缅甸申请临时居留许可证，外国人必须受雇于一家在缅甸建立的公司，并持有效的商务签证来缅甸旅行，或在缅甸工作。对于那些受雇于持有缅甸投资委员会所颁发的投资许可证的公司的外籍员工，在申请临时居留许可证时，必须提交来自雇主的推荐信、邀请信等文件。

而受雇于仅在缅甸投资和公司管理局注册的公司的外籍员工，申请临时居留许可证，则必须从缅甸国家规划和经济发展部获得一封推荐信。一旦获得有关推荐信，外国人可向中央注册办事处申请一份有效期达一年的临时居留许可证。

值得中国投资者和中国籍工作人员注意的是，缅甸的临时居留许可证申请的相关要求不太明晰，且申请过程中，可能受制于审查部门多项临时性的特别要求。

由于随着缅甸持续对其移民和劳工部门进行改革和工作改进，围绕许可证的规则和条例，将来可能会有所改变。对中国企业和中国籍/外籍工人来说，了解法律的进展状况，以及哪些企业和工人可能会受到影响等，都是非常重要的。在工作许可证成为一项可操作的制度后，会要求企业代表其外籍员工向缅甸的劳工、就业和社会保障部申请要求的工作许可证。

从 2014 年 12 月 29 日起，缅甸开始实施永久居住权制度。现在，外籍员工只要已在缅甸连续住满 3 年，且一次离开该国不超过 90 天，就可以申请居住证。取得居住证后，外国公民可在缅甸连续居住 5 年。为获得居住证，外籍熟练工人和技术人员均须预先获得相关部委的推荐。

2. 劳动合同形式

劳动合同必须以书面形式签署。如果员工在签订劳动合同之前已开始工作，则劳动关系视作已经形成，且必须在该员工开始工作之日起 30 日内完成书面劳动合同的签署。如果雇主和员工未能这样做，则适用由缅甸劳工部发布的标准劳动合同。

在缅甸，劳动合同必须受缅甸法律管辖。劳动合同的条款必须符合不同的调控雇佣关系的法律要求。不将此等规定纳入劳动合同的企业，视为未能遵守此等法律的强制性规定，雇主可能面临监禁和/或罚款的处罚。

劳动合同的有效期可为无固定期限或固定期限。如未在合同中指定，则其有效期视为无固定期限。

缅甸法律允许员工试用期，但期限最长不得超过三个月。员工在试用期内可获得不少于该职位全职员工工资 75％的补偿。此外，试用期内无需签订劳动合同。

3. 工会

在缅甸的企业，员工有权组织或加入其自己选择的工会。在总注册处登记注册后，工会将得到缅甸法律的承认。根据缅甸法律，下列五种类型的工会可能得到承认：基本工会、乡镇工会、地区或国家工会、联合工会和同盟工会。

雇主有义务为工会提供最低限度的帮助，但不得试图将工会置于雇主的控制之下。工会有进行罢工、集体谈判、在法庭起诉等权利。

4. 薪酬

2013 年 3 月通过的缅甸《最低工资法》（Minimum Wage Law）规定，员工工资不得低于由法律指定委员会设定的适用的强制性最低工资水平。

全国最低工资委员会于 2015 年 8 月 28 日发布最低工资标准为 3 600 缅元/日，该标准不区分年龄、行业、经验及地区，同等适用于所有职工（但企业内职工人数少于 15 人的除外）。缅甸没有最高工资限制。

2016 年缅甸《工资支付法》① 规定了工资的支付方法。所有雇佣单位必须按固定的期限以现金、支票、银行存款等方式支付工资，且须每月支付至少一次。

5. 工作时间

在缅甸，工作时间依不同行业而有所不同。对于在商店、公司、商贸中心、服务型企业和娱乐场所等工作的员工，正常工作时间应不超过每天 8 小时和每周 48 小时。加班时间每周不得超过 12 小时。对于在工厂工作的员工，正常工作时间为每周 44 小时，特殊情况的每周不得超过 48 小时。加班时间的安排须提前经工厂和劳动法监察总署（FGLLID）的批准。油田工人和矿工的工作时间每周不得超过 44 小时。

加班时间须支付两倍于正常工资水平的薪酬，但工厂环境以外的管理人员并不享受这一待遇。

6. 工作条件

关于企业假期的规定，缅甸法律规定，在一家企业已完成 6 个月服务的工人，每年可享受最多 30 天的病假，病假期间的工资按适当比例发放。在连续服务满 12 个月后，工人有权享受每年 10 天年假和 6 天事假。工人的基本权利包括每年 14 天公众假期，但一般的做法是提供 21～26 天的公众假期。怀孕女工有权享受孩子出

---

① 《工资支付法》原文：http://www.ilo.org/dyn/natlex/docs/ELECTRONIC/103626/125982/F-1336298305/MMR103626%20Eng.pdf.

生前 8 个星期和孩子出生后 8 个星期的带薪产假，但前提是已完成 6 个月的持续服务。

根据缅甸 2012 年的《社会保障法》（Social Security Law），已注册并支付社会保障金的缴款工人有权享受额外的福利，包括：长达 26 个星期的病假工资；如分娩双胞胎或多胞胎，可享受四个星期的额外产假；产假补助金和长达 7 天的带薪假，以便参加产前预约；如发生流产，可享受 6 个星期的带薪假；如收养 1 岁以下的孩童，可享受 8 个星期的带薪假；父亲可享受 15 天陪产假。

《社会保障法》所赋予的额外福利须符合最低的服务期和缴款额要求。

所有雇用员工超过 5 人的雇主，一般均须强制性地参与社会保障计划登记。雇主和员工均须按规定的费率缴费，且雇主须承担雇员社会保障的相关费用。

7. 裁员/解雇/劳动合同终止

终止劳动合同可以是无理由终止或有理由终止。但对于有理由终止，缅甸法律区分轻度和重大违规行为。轻度违规行为包括：在工作场所造成障碍，并妨碍他人履行职责；暴力行为、威胁其他工人或造成身体伤害；未经指示或许可，擅自使用机器、车辆、工具和电气设备。

缅甸法律并未规定正式的纪律处分程序，但缅甸劳工部颁布的标准劳动合同规定：应在员工第一次触犯时，管理方给予口头警告，然后是书面警告，最后是"严重"的警告，并辅以员工的承诺。如果员工再次发生违规行为，即可终止劳动合同，且无需给予赔偿。

重大违规行为包括：盗窃或挪用公款；未经许可，擅自将武器带入工作场所；造成严重伤害的刑事罪行；贿赂或腐败行为。

符合任何上述违规行为的员工，可被即时解雇，且无需给予赔偿。

对于无理由终止劳动关系的情形，和/或由于不可预见的情况而终止的，雇主有义务支付遣散费，并需根据劳动、移民和人口部于 2015 年 7 月 3 日发布的《第 84/2015 号通知》基于服务时间确定的最低遣散费率进行支付，具体如下所示。

服务时间为 6 个月到 1 年以内的员工：支付半个月的工资；

服务时间为 1～2 年以内的员工：支付 1 个月的工资；

服务时间为 2～3 年以内的员工：支付 1.5 个月的工资；

服务时间为 3～4 年以内的员工：支付 3 个月的工资；

服务时间为 4～6 年以内的员工：支付 4 个月的工资；

服务时间为 6～8 年以内的员工：支付 5 个月的工资；

服务时间为 8～10 年以内的员工：支付 6 个月的工资；

服务时间为 10～20 年以内的员工：支付 8 个月的工资；

服务时间为 20～25 年以内的员工：支付 10 个月的工资；

服务时间超过 25 年的员工：支付 13 个月的工资。

（三）土地使用规定

1987 年的《不动产转让限制法》限制了外国投资者对土地使用的权利。一般来说，法律禁止向任何外国人或外国公司销售、转让或交换土地。此外，外国人和外国公司租赁土地的期限不得超过 1 年。但是，该法案还规定了豁免情形：当对象涉及外国政府、外交使团或其他个人组织时，经相关政府部门授权可以不受上述规定的限制。就外国投资来说，其可以通过《缅甸投资法》项下的投资许可证和投资委员会认可书，或《经济特区法》项下的经济特区许可证享受该等豁免，外国投资者将有权租赁土地，并且（首期）租赁期限至少为 50 年。

根据 2016 年《缅甸投资法》规定，投资者已取得投资许可证或投资委员会认可书的，可租用私有或国有土地，租用期限可达 50 年，满期后经投资委员会的审批可再延期两次，每次 10 年。投资缅甸最不发达地区和偏远地区的投资者可能获批更长的租赁期限。

《共有物业法》对目前外国人使用土地的限制做出了例外规定，其允许外国人从开发商处购买一栋共有物业中最多 40% 的单位，前提是购买资金需来源于国外。尽管关于共有物业登记的相关法律已经通过，但其正式实施还需等待相应实施细则的出台。

根据法律规定，共有物业必须是有 6 层或以上楼层的高层建筑，包含公共财产和住宅单元两部分，依法建设于共有土地之上，为共同所有，供集体所有人使用。共有物业的占地面积应至少为20 000平方英尺①，并在缅甸契约和保证注册办公室（Office of the Registry of Deeds and Assurances）进行登记。登记为共同所有的土地须为：a. 依法属于用于房屋开发的类型；b. 可转让；c. 符合有关部门城镇规划的具体要求。

（四）环境保护要求

《缅甸投资法》规定，对于"可能会对自然环境和生态系统造成重大影响的经营活动"的投资，应列为限制或禁止类投资活动。缅甸投资委员会将在审核投资许可证申请时，评估相关的环境问题。

一般来说，投资者进行任何可能影响或危及环境的活动前，例如须经政府批准设立的工厂或车间，都需要事先获得缅甸环境保护和林业部（MOECAF）的许可。缅甸环境保护和林业部会要求投资者先后准备一份初步环境评估（IEE）报告和环境影响评估（EIA）报告。根据《环境影响评估规定》第31条，环境保护和林业部负责审批环境影响评估报告、颁发环境认证书，或要求项目必须通过环境影响评估，并需对此决定做出说明。

2016年，缅甸通过了新的环境质量标准（EQS）、环境影响评估程序和社会影响评估（SIA）程序。现有投资活动可能需要符合新的条件，以遵守缅甸不断发展的环境法规。投资者对是否需满足特定环境要求有疑问的，可向缅甸环境保护和林业部下属的环保局获取更多信息。

（五）跨境销售商品和服务要求

1. 缅甸的跨境销售主要渠道

（1）直接跨境销售

向数量较少的企业客户销售工业产品时，许多中国供货商会选

---

① 英尺为非法定计量单位，1英尺＝0.304 8米。——编者著

择直接跨境销售。直接跨境销售中的重要商业术语如下：

关税：请见下文第（六）部分"税收法律制度"第 8 节。

支付货币：通常缅甸进口合同中价格以美元或欧元表示，但签发相关进口许可的时候经外贸局批准，有些也可以以人民币计价。

支付条款：依据不同产品、工业部门和不同交易方等因素，可以预支付 10％的费用，交付时支付 80％～90％的费用；如果供货方还提供安装、试运转等服务，最后还要支付 5％～10％的费用。一个更保守的方法是要求预支 30％的费用，然后剩下的 70％货到付款。

支付安全：通常使用信用证或银行担保来保证支付安全。不过，对于信誉很高的缅甸大企业，且与中国供货商有过多次类似交易，中国供货商可以依赖企业信誉或其母公司的企业信誉。

保证：保证条款和欧洲、国际标准相似，包括一般保证（General Inclusive Warranty），保证货物全新、不设留置权、无产权负担、无缺陷（符合描述），非供货商原因造成的缺陷除外。目前，由于 2014 年《消费者保护法》的相关实施通知尚未发布，此类保证的存续和效力有待澄清。

保证期限：目前，由于 2014 年《消费者保护法》的相关实施通知尚未发布，此类保证期限的存续和效力尚存疑问。

适用法律：跨境合同中，合同方无权选择适用法律。缅甸进出口规章制度要求跨境合同适用缅甸法。然而在一些情况下，缅甸政府允许对合同适用外国法。例如政府与外国方在大型交易中成立合资企业适用外国法——如能源与矿产交易或石油及天然气生产共享协议。缅甸政府允许在政府与外国组织的借款协议中适用外国法。

争议解决：根据仲裁法条款，跨境交易必须诉诸缅甸仲裁庭。然而缅甸政府允许在某些情况下进行国外仲裁。比如，政府与外国方在能源矿产交易或石油天然气生产共享协议等大型交易中，适用国际商会规则和联合国国际贸易法委员会规则。

（2）设立代表处/联络办公室或分支办公室

进入缅甸市场，许多外国供应商在缅甸设立联络办公室或分支机构。中国供应商可以就此通过在缅甸的工作人员直接与客户接触。

联络办公室

联络办公室不得直接从事商业活动，如签订商务合同。联络办公室履行许多与销售代理一样的职责［请见下述（4）］。国外供应商均在缅甸境外签订供货合同。

联络办公室必须先取得投资和公司管理局（DICA）的许可。另外，联络办公室必须在管理局（DICA）下属的公司注册处（CRO）进行登记备案。

从提交完整申请材料之日起，整个登记备案过程通常需要花费3～4个月时间。相关登记费用包括1 000美元的登记费和每年500美元的续展费。

分支办公室

许多外国公司都认为在缅甸设立分支办公室是较好选择，可以通过缅甸分支办公室从事商业活动。

分支办公室并非独立的法律实体，但却可以从事谈判、营销活动或为境外公司总部提供商业支持。境外公司总部承担分支办公室产生的责任。

外国公司的分支机构必须取得公司管理局（DICA）的许可，且在公司注册处进行登记备案。登记费用包括1 000美元的登记费和每年500美元的续展费。

（3）设立销售和售后服务子公司

外国公司也可以在缅甸设立一个全资子公司进行销售和售后服务。该子公司可以从离岸母公司或关联公司处采购产品，然后转销给缅甸终端客户。理论上，当地子公司可以取代当地的销售代理或经销商，或为第三方销售代理和经销商提供现场支持。依据政府政策，外国投资者目前禁止从事一些特定的商业活动，如经销、零售。但是，这些限制的放开指日可待。

（4）通过第三方经销商/销售代理

向缅甸客户销售商品和服务的中国商家还可以通过经许可的第

三方销售代理或经销商来销售。这两种方式各有其特点和优势。虽然有关政府机构可能要求提交经销合同以备审阅和/或批准,但是两类合同在缅甸均不需要经过登记备案。

销售代理

第三方销售代理相当于外国商品或服务提供者在缅甸的销售代表。代理人仅有权在确定潜在客户后提供有关商品或服务的信息,无权从外国供应商处购买货物或服务再销售给缅甸终端客户,无权储备存货,也无权代表外国供应商与终端客户签订对双方均有约束力的合同。

在销售代理参与的情况下,外国供应商作为一方当事人直接签订销售合同。在日常消费品领域,外国供应商很少使用销售代理。但是涉及重工业品买卖时,雇佣销售代理非常有用。在选择缅甸方面的销售代理时,中国供应商应该注重以下几点:

代理人资质:代理人应该能与潜在客户保持有效的联络,并且有相关行业的从业经历;具有良好的声誉,不存在违法或者腐败等不良记录;为保持代理人独立,政府官员不能成为代理人,代理人也不能与客户存在直接或间接利益关联。

独家代理:当缅甸代理商提供独家代理服务时,中国供应商应尤其注意,仔细限定独家代理的地域范围和时间期限;独家代理权应以独家代理商提供令人满意的服务为前提;代理合同同时应明确规定,若独家代理商未能提供符合条件的代理服务,代理协议可以终止。

授权权限:中国供应商应明确代理人的代理权限。我们同时建议,中国供应商应依据其已获得的合同或掌握的客户资源保留其直接在缅甸进行销售活动的排他性权利。

代理人义务:代理协议应明确规定代理人的以下权利义务: a. 为促进和便于货物或服务销售,提供涵盖销售合同签订前后的供货、安装和收款等流程的全面服务; b. 遵守相关法律,包括反腐败法等。

竞业禁止:中国供应商应注意确保其代理人不得为其竞争者同

时提供相似服务，这一点在涉及缅甸核心目标客户时显得尤为重要；当然，作出这一商业决定时需要考虑整体的市场条件。如果a. 当地限制明确；b. 这些限制对于代理事务的性质而言是合理的，代理协议可以规定竞业禁止条款。根据 1872 年合同法，这些限制需要法院审核。

佣金：通常，代理人按照总销售额的一定比例计算报酬；这一比例的确定通常参考行业标准，采取浮动比例计算，即合同标的越大，佣金比例越低；反之则相反。

佣金的支付方式：只有在供应商已经获得终端客户支付的货款后，才能按比例向代理人支付佣金；供应商决不能在与终端客户签订合同之后，立即全额支付代理人佣金。

经销商

外国企业进入缅甸市场最常见的方法之一，是使用一名或多名当地经销商；尤其在消费品领域。

在典型的经销合同中，经销商通过签订跨境进口合同，依照约定的合同条款从外国供应商处购进商品，储备存货，并根据另外的国内销售合同项下的相关条款，在缅甸市场将货物销售给终端客户。因为经销商购进货物后提价销售，并不靠佣金获得报酬，分销关系中发生腐败的可能性要明显低于销售代理关系。但是，外国供应商在选择经销商时，仍应特别注意。同时还应注意以下几项关键原则：

经销商资质：缅甸的经销公司必须在其章程中载明经销是经许可的活动；在缅甸的少数外国经销公司，其经销必须被许可（即贸易许可）；经销商应掌握优质的市场资源、具备相关行业从业经历，以及拥有人力、物力、财力方面的充足资源，以便推广商品，并能够提供物流方面的支出，包括进口通关、仓储、存货管理、市场营销（包括商品推销和广告）、销售及售后服务方面的支持。

独家经销：如果经销商取得独家经销权，则必须仔细限定地域范围和时间期限，且须遵守适当的最低履行标准。

地域/客户：经销协议应明确指定地域范围（比如，缅甸全境，还是限定在特定区域，省或市）和客户类型；中国供应商应保留通过外国公司可用的经许可的销售手段直接销售给特定核心客户的权利。

最低销售目标：中国供应商应为所有的独家经销商乃至部分非独家经销商设定一定的最低销售业绩目标，以确保经销商最大限度开发市场潜力；如果独家经销商未能完成最低销售业绩目标，中国供应商应该享有解除经销协议，或者将独家经销协议变更为非独家经销协议的权利。

经销商义务：除了提供上文提到的全套后勤保障服务外，经销商义务还包括保护供应商知识产权，在产品召回等相关纠纷和法律诉讼中与供应商充分合作等，包括但不限于保存准确的记录，补偿工资税和/或保险索赔。

竞业禁止：缅甸经销商通常都会销售多个供应商的产品，大部分情况下都不会同意作为单一供应商的经销商，除非供应商为相关的推广和广告活动提供实质性的金融或其他资助。

反垄断：尽管缅甸 2015 年制定的《竞争法》已于 2017 年 2 月正式生效，但目前尚未出台相应的实施细则，缅甸竞争委员会也未成立。

（5）电子商务（包括数据保护）

由于缅甸的互联网普及率低，该国的电子商务市场的规模有限，截至 2013 年初，缅甸拥有大约 630 000 名互联网用户，相当于全国人口的 1%～2%。

然而，由于 2014 年进入市场的两家私人电信运营商（即 ooredoo 和 Telenor）提供 3G 连接服务，互联网用户人数自那时起已大为增加。

远程销售受《合同法》《电子交易法》（Electronic Transactions Law）和《计算机科技发展法》（Computer Science Development Law）的监管。

1872 年的《合同法》是缅甸境内规范合同一般规则和创设合同义务的法律。《合同法》包含有关定义、沟通要素、提议的接受及撤销，可撤销合同和无效协议、附条件的合同、合同的履行情况、类合同关系、合同违约后果、赔偿和保证、委托和代理的综合规定，因此适用于各种类型的合同，如合资合同、买卖合同、租赁合同、信贷融资合同和保证合同。

简单地说，《合同法》规定了标准、通用的法律定义和合同概念。例如，它指出，"只要未明确宣布为无效，且由有能力立约的双方按照自由意志表示就合法的对价和对象达成的合意，即为合同。"

《合同法》还详细规定了无效合同和可撤销合同、无行为能力人签订合同、自由意志、胁迫、不正当影响、欺诈、虚假陈述、错误、可分割性、完整协议、仲裁、终止合同、时间因素、主体更替、撤销、变更合同、合理给付、合同违约后果、损害赔偿金和赔偿等问题。

《电子交易法》主要规范电子签名和签约，而电子签名和签约也必须符合合同法的约定。

《计算机科技发展法》是为界定和实施发展、传播计算机科学与技术所必需的措施，以及监督计算机软件或信息的进口和出口而制定的。

缅甸宪法陈述了对个人数据保护的一般保障原则，但没有关于个人数据保护的具体规定。

在缅甸，电子商务还处在萌芽阶段，尚未得到普遍使用，有时商家会要求交货前预先付款。

2. 实务考量

（1）应收账款回收

向缅甸进行的电子汇款、国际付款都要求使用中间银行。

在缅甸仍然是以现金交易为主的经济模式，因此，虽然目前银行付款并不普及，但支付方式在快速发展中。

（2）产品认证/质量/责任

缅甸 2014 年《消费者保护法》（Consumer Protection Law）是消费者对商品和服务的权利的高度概述。但并没有关于《消费者保护法》的任何实施条例或规定，因此，进行有关产品认证/质量/责任等方面的条款和条件的谈判是可能的。

此外，缅甸设有《货物销售法》（Sales of Goods Act），规定了卖方必须遵守的任何销售合同中的特定默示条款。

此外，如果货物的性质在很大程度上依赖于货物的描述，则应适用符合货物自身说明的默示条款。

而且，货物的出售，如果在很大程度上依赖于双方约定要购买的货物时卖方向买方提供的样品，则根据该法应适用关于样品质量的默示条款，即买方必须有合理机会比较实收货物与样品，以及所提供的货物必须无缺陷。

最后，除非另有约定，买方无义务向卖方返还拒收货物，前提是货物与约定的标准不符。但是，如果双方明确同意这样做，则默示条款和条件可以被否定，或者在销售合同中予以变更。

根据这些法律的规定，缅甸消费者理论上有权要求价格削减/退款、消除缺陷和报销有关产品缺陷的费用。

理论上，外国制造商有责任向缅甸消费者承担相关索赔，即使他们不在缅甸境内。

当前，上述法律和/或法规的强制执行和实施尚待相关部门的实施细则。

（3）知识产权

在缅甸开展产品销售前，中国供应商应该在缅甸境内采取一切可能的行动保护自身的商标、专利、技术秘密和其他知识产权。

缅甸没有专门规范商标的具体法律。但缅甸境内商标的合法权利是存在的，且在性质上属于部分法定，部分依赖于商业法律的一般原则。在缅甸商标所有权证据主张的惯例已形成，即首先向契据登记办事处登记商标，然后让有牌照的律师在公开发行的报纸上刊登注意事项（声明所有权人对商标的所有权）。虽然因为没有具体的商标法律而使这些程序无法从法律上保证可强制执行性，但这种登记可以在任何后续的普通法诉讼或商标侵权诉讼中作为证据使用。

在进行前述程序后，外国制造商可以降低未经授权商品平行进口的风险，因为登记将使非授权进口商进口商品的清关程序复杂化并造成迟延，以及允许外国制造商跟踪非授权进口商的行为。

（六）税收法律制度

1. 税收体系和制度

缅甸财政税收体系包括对国内产品和公共消费征税、对收入和所有权征税、关税、对国有财产使用权征税四个主要项目下的 18 种税费。目前缅甸的税种主要有：企业所得税、个人所得税和资本利得税、商业税、预提税、财产税、彩票税和印花税等。以上税收由不同部门管理，其中所得税、商业税、印花税、彩票税由缅甸国家税务局（IRD）负责管理。

缅甸联邦议会于 2017 年 3 月 1 日通过了 2017 年《联邦税收法》（该法有效期为 2017 财政年度，即自 2017 年 4 月 1 日至 2018 年 3 月 31 日）。该法规定对除特殊商品及免征税商品外的所有国产及进口商品征收 5％商业税，对 17 种特殊商品征收特殊商品税。免征商业税商品共 116 种，主要为农副产品、特定部门用品及服务类行业等。

缅甸政府与外资相关的税收法律主要有《联邦税收法》（2017年）、《缅甸投资法》（2016 年）、《关税法》（2012 年）、《仰光市政发展法》（2013 年修订）等，这些法律对外资进入缅甸相关的税收都做了相应规定。

2. 所得税

（1）企业所得税

居民企业需就缅甸境内外收入缴税。居民企业的定义根据《缅甸公司法》或其他任何现行缅甸法律而确定。根据《缅甸投资法》设立的公司也被看做是居民企业，但其来源于缅甸境外的收入不予征税。

税率

居民企业按照 25％征收；由政府许可，参与国有项目或企业合作的外国组织，按照 25% 征收；外国公司在缅甸的分支机构被看做是非居民企业，按照 25% 征收。

资本利得税

居民企业和非居民企业还需缴纳资本利得税，税率均为 10%；石油天然气公司除外，其股权转让收益所适用的税率为 40%～50%。

应税期

企业的应税期与其财政年度一致，从每年的 4 月 1 日到次年的 3 月 31 日。所得税申报表在每个财年结束后三个月内必须提交。资本利得税的税收申报表必须在资本资产处置后的一个月内提交。

（2）个人所得税

本国居民在境内外取得的各种收入均需缴税。税收居民外国人在缅甸境内取得的收入需缴税。

税收居民外国人是指在一个收入年度里在缅甸停留时间超过183 天的外籍人士。根据《缅甸投资法》设立的公司的外籍员工，无论其在缅甸逗留时间的长短均视为税收居民外国人，此类人士仅需对其缅甸境内的收入缴税。根据 2017 年《联邦税收法》全年个人所得税的起征点为 480 万缅元。

税率

对缅甸本国居民和税收居民外国人需按照 0～25% 的累进税率征收；在特许的国家项目或企业工作的外籍员工的薪酬，以缅元发放的按 20% 征收；对非税收居民外国人按照 0～25% 的累进税率征收。

资本利得税

税收居民和非税收居民需缴纳资本利得税，税率分别为 10% 和 40%。

应税期

个人的应税期与其财政年度一致，从每年的 4 月 1 日到次年的 3 月 31 日。所得税申报表在每个财年结束后三个月内必须提交。资本利得税的税收申报表必须在资本资产处置后的一个月内提交。

3. 预提税

任何人支付下列款项时，需按照规定的税率预提所得税。被预扣的税款将自预扣之日起七日内缴纳给国家税务局。根据第 2/2017号《通知》，自 2017 年 4 月 1 日起，预提税税率如下（表 4-1）。

表 4-1　缅甸预提税税率

支付款项种类	境内支付	境外支付
利息	0	15%
商标、专利、许可费等	10%	15%
根据签订的合同或协议等安排在缅甸境内支付的采购或服务的款项	2%	2.5%

资料来源：缅甸国家税务局，走出去智库（CGGT）整理。

4. 商业税与特殊商品税

缅甸没有增值税，商业税是针对商品和服务征收的流转税，但仅适用于《商业税法》规定的某些交易。商业税的征收对象是在国内生产或提供广泛的商品和服务，按照销售收入所得的一定比例征收商业税。进口货物也需要征收商业税。针对部分特殊商品，还会加征特殊商品税。

根据 2017 年《缅甸联邦税法》，商业税默认税率为收入总金额的 5%。部分行业如房地产开发商、国内航空运输业的商业税税率为 3%，黄金珠宝商的商业税税率则为 1%。如果一个财政年度的销售或服务收入总金额不超过 5 000 万缅元，则免征商业税。除五类商品（天然气，木材，玉原石，宝石原石，玉、宝石、钻石等宝石加工产品）以外，其他的出口商品均免征商业税。

任何被归类为特殊商品的物品会被征收不低于 5% 的特殊商品税。特殊商品包括烟草、酒精（烈酒、红酒和啤酒等）和香烟等。特殊商品，如酒精，是根据酒瓶的体积（容量）按照累进税率进行征收。进口商品以到岸价为基础计算进口特殊商品税（表4-2）。

表4-2 缅甸进口特殊商品适用税率

序号	商品类型	税率
1	香烟	从4缅元/支至16缅元/支
2	烟草	60%
3	弗吉尼亚烟草、烤烟	60%
4	平头雪茄烟	从50缅分/支至1缅元/支
5	雪茄	80%
6	烟斗烟草	80%
7	槟榔咀嚼原料	80%
8	烈酒	从91缅元/升至每升价值的60%
9	啤酒	60%
10	红酒	从81缅元/升至每升价值的50%
11	原木和木材加工产品	5%
12	玉原石	15%
13	红宝石、蓝宝石、绿宝石等的宝石原石	10%
14	玉、宝石、钻石等制成的珠宝	5%
15	除厢式皮卡外排量为1 501cc到2 000cc的车辆；除厢式皮卡外排量为2 001cc到4 000cc的车辆；排量超过4 001cc的车辆	20%；30%；50%
16	汽油、柴油及喷气式发动机燃料	5%
17	天然气	8%

资料来源：全球领先的法律财税数据库威科集团，走出去智库（CGGT）整理。

5. 印花税

根据《缅甸印花税法》（1899）征收印花税。根据2016年9月颁布的第 146/2016 号《通知》，印花税税率调整后如下：

- 不动产的买卖或转让，按 5% 征收；若不动产位于仰光发展区，则另加 2%；
- 不动产抵押，按贷款金额的 0.5% 征收；
- 债券转让，按债券价值的 0.5% 征收；
- 对于股权转让，按股权价值的 0.1% 征收；
- 对于按照结算安排进行结算的财产继承，按财产金额或价值的 2% 征收。

6. 财产税

在缅甸的外国人不得拥有不动产，因此财产税对外国人不适用。

位于仰光经济特区的不动产，按以下标准征收财产税：

- 综合税：不超过年价值的 20%；
- 照明税：不超过年价值的 5%；
- 水资源税：不超过年价值的 12%；
- 管理税：不超过年价值的 15%。

年价值是指土地及楼宇在不配备家具的情况下每年预期的总租金。

7. 彩票税

昂巴勒国家彩票是唯一的官方彩票，1938 年设立，直到 1989 年 3 月每两个月开一次，国际彩票委员会是发行彩票并且征税的唯一合法组织，2005 年 11 月一等奖达到 5 000 万缅币，60% 销售所得用于奖金，40% 用于缴纳彩票税。

8. 关税

缅甸于 2017 年 10 月 1 日起实施新版海关税则，以取代 2012 年的《缅甸关税法》。此税则共包含 10 813 项关税项目，是根据世界海关组织（WCO）的"HS2017 修订版"及"东盟协调税则归类制度 2017 修订版（AHTN Amendment 2017）"所作之调整。缅甸海关特别提出几项调整关税税率的产品，例如，即溶咖啡由原先的 15% 调高至 20%，花卉由原先的 5% 调高至 15%，食盐关税由原先的 10％调高至 20％，家具由 15％调高至 20％，茶叶由 15％调高至 20％。

9. 避免双重征税协定（DTA）

目前，缅甸已与英国、新加坡、马来西亚、越南、泰国、印度、孟加拉国、印度尼西亚、韩国和老挝签订了避免双重征税协定（DTA）。

目前，只有同英国签订的协定在缅甸政府公报中进行了公告，同印度、马来西亚、泰国、韩国、新加坡、越南和英国的协定在税务局网站上进行了公告。

（七）主要法律法规

缅甸主要法律法规（表 4 - 3）。

表 4 - 3　缅甸主要法律法规

年份	名称	描述
2016 年	《缅甸投资法》（My-anmar Investment Law）	一般来说，一个外国人可以 a. 投资缅甸的中型和/或大型规模项目；b. 享受长期租赁权和 c. 申请特定免税优惠等各种优惠政策，但须遵守 2016 年《缅甸投资法》及 2017 年《缅甸投资条例》的规定
2017 年	《缅甸投资条例》（My-anmar Investment Rules）（以下简称"条例"）《经济活动类型通知》（Types of Economic Activities Notification）（以下简称"规则"）	《条例》和《规则》提供了关于 2016 年《缅甸投资法》的详细指引，扩大了外国投资者在《缅甸投资法》项下的权利和职责，并阐明了禁止或限制外国投资的活动类型，和/或要求进行环境影响评估的活动类型
1872 年	《缅甸合同法》（My-anmar Contracts Act）	1872 年颁布的《合同法》（及其后续修订版）规定了合同的一般原则及合同义务。对于了解英国前殖民地区或英格兰本土合同法的人来说，也会熟悉缅甸《合同法》中的法律概念和规定

（续）

年份	名称	描述
1914 年出台，1991 年修订（注：新公司法已于 2017 年 7 月提交国会待批准）	《缅甸公司法》（Myanmar Company Act）	1914 年《缅甸公司法》阐明了在缅甸设立和注册公司的程序。特别是，1914 年《缅甸公司法》涵盖了涉及有关缅甸公司的公司章程、股本、股东、股份转让、管理层和行政事务、董事及董事的义务、抵押和收费的信息披露、审查和审计、清算以及犯罪和惩罚的内容
1990 年	《私营工业企业法》（Private Industrial Enterprise Law）	1990 年《私营工业企业法》规定：在任何建筑物内，使用原材料生产成品，使用任何功率大于或等于三马力的动力机械，或雇用十个支付薪酬的工人的个人、合伙企业或公司，必须在"工业部下属的工业协调和工业检查地区总署"注册。与政府合资形式开展的家庭手工业和企业均豁免登记
2012 年	《外汇管理法》（Foreign Exchange Management Law）	2012 年的《外汇管理法》废除了 1947 年《外汇管制法》。2012 年的《外汇管理法》的目的是，除其他事项外，开放有关"经常账户交易"的转账付款，包括：a. 汇款交易、服务收费、短期银行贷款结算；b. 贷款利息和净投资收入的付款汇款；c. 贷款的分期付款或直接投资的折旧；d. 家庭生活费用的境内和境外汇款 2012 年的《外汇管理法》还监管有关"资本账户交易"的汇款和付款，并将其定义为"经常账户汇款以外的资本账户汇款"。这些汇款包括支付股息及股权投资回报

（续）

年份	名称	描述
2012 年	《出口和进口法》(Export and Import Law)	2012 年《出口和进口法》废除了 1947 年的《出口和进口（临时）管制法》。在新的规则和法规制定前，此前宣布的程序、法规、命令和通知继续适用，但需遵守新法律的要求。出口商/进口商的注册手续及出口和进口许可证申请的程序均详列于《缅甸进出口法律法规》中的各项命令、通知、新闻公报和新闻发布稿。《缅甸进出口法律法规》的最新公开版本是 2008 年版
2017 年	《缅甸海关关税税则》(Customs Tariff of Myanmar)	2017 年的《缅甸海关关税税则》取代了 2012 年的《关税法》，系根据世界海关组织"HS2017 修订版"及"东盟协调税则归类制度 2017 修订版"所作之调整。该税则确定了要征收关税商品的关税值的课税百分比，而该百分比应根据该等商品的数量、重量和/或测量确定
2004 年	《电子交易法》(Electronic Transaction Law)	2004 年《电子交易法》主要涉及电子契约和签名，也作为利用互联网或数字技术实施或支持反政府活动的定罪依据

资料来源：走出去智库（CGGT）根据公开资料整理。

（八）主要政府管理部门

缅甸的主要政府管理部门（表 4 - 4）。

表 4 - 4　缅甸主要政府管理部门

名称	简介	网址
缅甸投资委员会（Myanmar Investment Commission）	主要负责外商投资企业的审批工作，并将有关项目上报内阁进行审批。投资项目经缅甸内阁批准后，缅甸投资委员会负责向投资者颁发投资许可证。2016年《缅甸投资法》新增规定，投资者还可向缅甸投资委员会提交投资认可申请，由缅甸投资委员会负责批准、认可投资	缅甸投资委员会没有专门的官网，可通过投资和公司管理局的网站了解相关信息：http：//www.dica.gov.mm/en/information-myan-mar-investment-commis-sion-MIC
商务部（Ministry of Commerce）	负责制订和颁布关于进出口贸易的相关法令法规，批准颁发进出口营业执照以及进出口许可证，管理协调国内外展会，对进出口贸易活动进行统一管理	http：//www.commerce.gov.mm/
投资和公司管理局（Directorate of Investment and Company Administration，DICA）	隶属于缅甸国家计划与经济发展部，主管公司设立及变更登记、投资建议分析及报批、对投资项目的监督等日常事务	http：//www.dica.gov.mm/
环境保护和林业部（Ministry of Environmental Conservation and Forestry）	由林业部、环保部、调查部、计划和数据部、干旱区绿化部等部门组成，主要负责制定、实施和监管环境保护及改善，防控污染，制定环境质量标准；为涉及自然资源开发、工业等领域的项目办理项目许可等	http：//www.moecaf.gov.mm/

资料来源：走出去智库（CGGT）根据公开信息整理。

四、案例分析

云南省孟连农场缅甸开展"替代种植"，实现多方共赢①

决策背景

2001 年中国加入世界贸易组织后，随着经济的快速发展，中国成为世界橡胶工业大国，同时国内橡胶消费量急剧扩大。2003 年，我国天然橡胶消费量为 153 万吨，随后逐年攀升，2013 年高达 430 万吨，而 2013 年我国国产天然橡胶产量只有 86.5 万吨。

随后的几年里，我国的天然橡胶消费量约为 480 万吨，且稳中有升，但同期天然橡胶产量约为 80 万吨，并有下滑趋势。因此，我国天然橡胶的需求严重依赖进口，成为世界上最大的天然橡胶进口国。国产天然橡胶自给率从 1995 年的 60.6% 持续下降到 2016 年的 15.87%。我国宜胶土地资源有限，天然橡胶生产规模受到严

---

① 资料来源：

第一财经日报. 云南帮助缅甸老挝罂粟替代种植［N/OL］. http://finance. sina. com. cn/g/20050126/06321322510. shtml。

国家企业信用信息公示系统. 云南农垦集团孟连橡胶有限责任公司［OL］. http://www. gsxt. gov. cn/。

国家企业信用信息公示系统. 云南省国营孟连农场［OL］. http://www. gsxt. gov. cn/。

金华斌，田维敏，史敏晶，2017. 我国天然橡胶产业发展概况及现状分析［J］. 热带农业科学，37（5）。

谭双寿. "替代种植"多方共赢——云南省孟连农场跨国开展"替代种植"的实践与经验［OL］. 百度百科词条：国营孟连农场. https://baike. baidu. com/item/国营孟连农场/10844081? fr=aladdin。

吴家政，莫琳，2016. 云南农垦天然橡胶"走出去"发展探索［J］. 广东农工商职业技术学院学报。

云南经济日报. 经报记者沿边行——经济互信共同发展.［N/OL］. http://jjrb-paper. yunnan. cn/html/2015-08/07/content_989370. htm? div=-1。

重制约。资料显示，2013 年，我国橡胶树新增种植面积明显减缓，2014—2016 年我国天然橡胶种植面积基本持平，2016 年我国天然橡胶种植面积为 115.8 万公顷。

另一方面，缅甸宜胶地资源丰富。缅甸掸邦（佤邦）第二特区位于云南西盟县西南部，处在北纬 22°静风区，雨量充沛，湿度大，日照强，是天然橡胶生长发育不可多得的一块宝地。缅甸宜胶地资源广袤富庶，全国有宜胶地 262 万公顷，其中掸邦第二特区约有 13.3 万公顷，且部分种植罂粟。

为适应世界禁毒形势和可持续发展需要，云南省孟连农场抓住机遇，积极参与缅甸掸邦第二特区"禁毒堵源工程"以及西盟县"四荒地开发工程"的组织实施，从而成为大湄公河次区域经济合作和中国区域经济发展的重要组成部分。

发展历程

云南省国营孟连农场属云南省农垦总局普洱分局管辖的中型县处级国有企业。场部位于孟连县境内，与国家二级省开放口岸勐阿仅 8 000 米之隔，是通往缅甸等东南亚国家的要塞。

早在 20 世纪 80 年代中后期，缅甸掸邦（佤邦）第二特区首脑鲍有祥、特区政府副主席、佤邦军副总司令李自汝曾多次来到农场，与农场领导商谈"替代种植"事宜。

1992 年 11 月 7 日，双方签订了《中国云南省国营孟连农场与缅甸佤邦总部经济计划委员会中外合作项目协议书》。1992 年 12 月，孟连农场组织了 600 余人的垦荒队伍跨过南卡江，首次开垦了 2 500 余亩胶园，建立了示范试验基地。

1994 年 5 月 19 日中缅双方达成《中国云南省国营孟连农场与缅甸佤邦总部开垦土地种植橡胶补充协议书》，为扩大开发面积作出约定。根据《补充协议书》，孟连农场第二次组织技术人员、工人 500 多人跨国开发。经过两次跨国开发，共开垦胶园 4 086 亩（合 272.4 公顷），形成了初具规模的示范试验基地。

2000 年初起，胶林逐步开割投产，取得初步收益。到 2006 年，累计生产干胶 939.8 吨，总产值达 1 183.36 万元。2006 年孟连农场与缅甸佤邦勐波县签订了租赁 10 万亩土地种植橡胶的协议。

"替代种植"绿色禁毒

孟连农场在境外"替代种植"天然橡胶，既有利于企业自身的发展，也给缅甸掸邦（佤邦）第二特区带来新气象，得到了特区政府和人民的支持和赞誉。"替代种植"试验示范基地的橡胶种植，使特区人民看到了新的经济出路。5 000 亩罂粟约产 1 吨鸦片，其价值仅为 25 万～35 万元；而 5 000 亩橡胶投产后的总产值可达 1 000 多万元，其经济效益是种植罂粟的 30～40 倍。缅甸掸邦（佤邦）第二特区出现了由被动禁毒到主动禁毒（即自觉铲除罂粟或拒种罂粟）的历史性转变，拉开了特区实施"绿色禁毒"的序幕。扩种的 10 万亩天然橡胶可每年为世界减少近 20 吨毒品，已有 5 000户、2 万多特区农民彻底摆脱了毒品的危害。另一方面，特区人民传统的原始刀耕火种的生产方式也正在发生根本性转变，实现了经济的快速持续增长。特区市场发生了由萧条惨淡到富足昌盛的转变，农产物品品种齐全，各类商品琳琅满目。特区人民的生活水平得到明显提高。

同时，"替代种植"还减轻了我国禁毒堵源工作的压力。我国与缅甸接壤的边境线长达 300 多千米，仅孟连农场就有近 90 千米国境线，均无不可逾越的天然屏障，陆路贩毒容易进入我国国境，跨国"替代种植"的成功带动了整个特区大面积扩种天然橡胶，可以逐步从根本上消灭毒源地。

投资成果及挑战

2012 年 3 月，孟连农场出资 490 万（占比 49%）和云南农垦集团共同发起组建了孟连橡胶有限责任公司，该公司以天然橡胶生产、加工、销售为主营业务。公司与缅甸第二特区（佤邦）财政部合资组建了以天然橡胶收购、加工、销售为主营业务的云康制胶厂。胶厂位于缅甸第二特区（佤邦）南高乡，占地面积 49 亩，距离中国口岸仅 9 000 米。该厂总投资 2 496 万元，其中孟连橡胶公司控股 51%，投资 1 273 万，缅方参股 49%，投资 1 223 万元。2010 年开工建设，2011 年 9 月 30 日竣工投产，工厂生产能力为年产干胶 10 000 吨。

云康制胶厂本身没有获得替代种植进口配额，但其周边有 25 万亩个人橡胶林，制胶厂与获准享受"替代种植"优惠税收政策配额的孟连农场复兴商号股份有限公司合作，利用复兴商号年 500 吨配额，再收购缅甸当地民营个体橡胶原料进行加工，并将加工的天然橡胶成品运进我国市场销售。截至 2014 年 12 月，工厂累计生产干胶 8 251 吨，销售收入 9 883.65 万元，上缴佤邦财政部税收 392.07 万元。云康制胶厂自投产以来，由于间接享受我国配额税收优惠政策，工厂盈亏基本保持平衡，而近几年国际天然橡胶价格一跌再跌，众多的橡胶企业面临经营困难，相比之下云康制胶厂的投资经营策略是相当成功的。

根据云南农垦的"十三五"规划，云南农垦将与孟连县政府或孟连农场合资组建云康橡胶有限公司，加大投资缅甸橡胶产业，在政治局势稳定的前提下，将以与缅甸佤邦财政部合资经营的云康制胶厂为基础，扩大投资规模，力争到 2020 年，在缅甸再布局 2～3 座制胶厂，实现年产 10 万吨干胶的产销规模。

从孟连农场在缅甸北部开展"替代种植"以及投资建厂的经历来看，中国企业在缅甸等周边国家投资农业还面临一些挑战：其一，缅甸当地政府随意出台针对中资企业的地方政策，加收和摊派各种费用，东道国国家政策的不稳定给合作企业发展带来种种困难。其二，缅甸经济相对落后，人口居住分散，受教育水平低，劳工素质差 且不稳定，工作效率低。其三，橡胶从种植到产出需要五六年时间，期间需要不断投入人力、物力和财力，资金短缺问题突出，企业筹措资金面临困难，而且由于国内配额限制，产品返销国内受阻。

第五章 泰国农业投资合作机遇与实务指南

一、泰国农业发展现状与未来趋势

(一)地区资源禀赋

泰国是一个传统的农业国家,享有"东南亚粮仓"的美誉。泰国耕地资源丰富,光热条件好,优势产业突出,但农业科技和装备水平不高,组织化程度较低。

泰国耕地、水资源丰富。泰国国土总面积 51.1 万平方千米,农业用地占国土面积的 43.3%,耕地面积约 1 573.5 万公顷,占国土面积的 30.8%。泰国人均耕地面积 0.2 公顷,略高于世界平均水平。2016 年泰国农村人口 3 337.1 万人,占总人口的 48.5%,农业就业人口 1 227 万人,占总人口的 18.9%。泰国水资源丰富,不仅有充沛的降雨量,还有众多的河流及大量的地下水,淡水面积约 3 750 平方千米,但泰国水资源分布不均匀。泰国森林面积 1 639.9 万公顷,约占国土面积的 32.1%,泰国有 30 多万种植物,而且有不少属珍贵林木,例如名贵的柚木。泰国属于热带季风气候,全年分为热、雨、旱三季,年均气温 24~30℃,常年温度不低于 18℃,平均年降水量约 1 000 毫米。泰国北部山区丛林茂密,中部地区主要为湄南河平原,是泰国主要稻米产区,南部地区是山地和丘陵(表 5-1)。

表 5-1 2016 年泰国农业资源情况

主要指标	数值
国土面积(万平方千米)	51.1
农业用地(万公顷)	2 211.0

（续）

主要指标	数值
耕地面积（万公顷）	1 573.5
总人口（万人）	6 886.4
农村人口（亿人）	3 337.1
森林面积（万公顷）	1 639.9

数据来源：世界银行数据库，商务部网站，农业用地为 2014 年数据。走出去智库（CGGT）整理。

（二）农业发展现况

农业作为泰国的传统产业，在国民经济中占据重要地位。2015年泰国农业产值 361.0 亿美元，占国民生产总值的 12.0%。泰国农产品种类丰富、产量充足，种植业和渔业是农业的主导产业。主要农产品包括水稻、橡胶、木薯、玉米、甘蔗、热带水果等（表5-2）。

表5-2　2014 年泰国种植业情况

农产品	泰国总产（万吨）	单产（千克/公顷）	
		泰国	世界平均
水稻	3 262.0	3 058.6	4 556.9
玉米	480.5	4 245.4	5 615.7
天然橡胶	454.6	1 559.2	1 193.6
木薯	3 002.2	22 255.1	11 240.5
甘蔗	10 369.7	76 640.8	69 466.0

数据来源：世界粮农组织数据库，走出去智库（CGGT）整理。

1. 水稻

泰国是世界著名的大米生产国和出口国，全国稻田面积约 1 195.0 万公顷，占国土总面积 1/5 多，占全国耕地总面积 2/3 多。全国从事水稻生产的农户约 400 万户。2014 年泰国水稻产量 3 262.0 万吨（折合大米 1 823.4 万吨），出口 1 096.9 万吨，出口额 53.8 亿美元，国际市场占有率为 25.4％，位列世界第一。2016 年泰国大米出口 988 万吨，出口量仅次于印度位居世界第二。泰国水稻生产率总体不高，水稻主推品种主要是常规籼稻品种，2014 年水稻单产每公顷 3 058.6 千克，低于世界平均水平。近年来，泰国政府十分重视水稻生产，严格生产标准并完善质量管理。尤其在种子培育环节，泰国农业部与合作社部建立了 20 多个水稻种子生产中心，培育试验新品种，保持品种优良性状。泰国确立了向有机农业转型的战略，大力推广包括有机大米在内的农作物种植。

2. 天然橡胶

泰国是世界第一大天然橡胶生产国和出口国，橡胶年产量约 400 万吨，占全球橡胶总产量 1/3。全国 77 个府中有 52 个府种植橡胶，从事橡胶生产的农户约 150 万户。2014 年种植面积 289.3 万公顷，约占其国土总面积 5.6％，在世界上排名第二，仅次于印度尼西亚。传统的橡胶种植区主要分布在南部和中部，近年来逐渐开始在北部和东北部扩大种植。泰国天然橡胶绝大部分供出口，年出口量占全球橡胶出口总量的 40％～45％。主要出口市场（国家及地区）是中国内地和香港、马来西亚、越南和日本。2014 年泰国橡胶总产量 454.6 万吨，占全球的 1/3 多，出口 340.9 万吨，出口额 59.6 亿美元。泰国天然橡胶生产水平较高，2014 年天然橡胶单产为每公顷 1 559.2 千克，比世界平均水平高 30.6％。

3. 木薯

泰国是世界第三大木薯生产国和第一大木薯出口国。木薯具有较强的耐旱特性，可以在泰国几乎所有类型土壤中生长，泰国木薯主要产区在东北部、北部和中东部，其中东北部产量占全国总产量的一半多，全国从事木薯种植的农户有 48 万户。2014 木薯种植总面积 132 万公顷，总产量 3 002.2 万吨，占全球的 1/10 以上，鲜木薯和木薯干出口 680 万吨，出口额 15 亿美元。木薯淀粉出口 153.8 万吨，出口额 6.4 亿美元，主要出口市场是欧盟、中国和日本等。泰国木薯生产率较高，2014 年木薯单产每公顷 22 255.1 千克，是世界平均水平的 2 倍。

4. 玉米

泰国是玉米的进口国。近年来，泰国畜牧业发展较快，鸡和猪养殖量迅猛增长，饲料需求不断增加。2014 年泰国玉米产量 480.5 万吨，玉米生产水平不高，单产每公顷 4 245.4 千克，是世界平均水平的 3/4。

5. 甘蔗

泰国是世界主要的糖生产国和出口国之一。糖业已成为泰国农业的支柱产业，泰国甘蔗主要分布在中部平原边缘的丘陵地带，东北部和北部的部分地区也有种植。2014 年甘蔗产量 10 369.7 万吨，约占世界的 5.5%，糖出口 900 万吨，出口额 27.4 亿美元。泰国甘蔗单产高于世界平均水平，2014 年每公顷 76 640.8 千克。

6. 其他经济作物

泰国还是世界上多种热带经济作物的主要生产国。生产有椰子、大豆、花生、洋麻纤维、烟草、棉花等。泰国还是著名的"水果之乡"，出产的热带水果不但品种繁多，而且产量充足。泰国是全球最大的菠萝生产国，菠萝罐头已占据世界 1/3 的市场。由于气候适宜，泰国水果品质普遍优良，榴莲、山竹、红毛丹等特色水果更是享誉全球。

7. 渔业

渔业是泰国仅次于种植业的重要产业，鱼类是泰国人摄取动物蛋白质的主要来源。曼谷、宋卡、普吉等地是重要的渔业中心和渔业产品集散地，全国从事渔业的劳动人口约为 50 万人。泰国海域辽阔，优越的自然地理条件使泰国成为全球十大海洋渔业国之一，海上捕捞占整个泰国渔业的 90% 以上。主要出口水产品有虾类制品、金枪鱼罐头、鱼加工制品和鱼糜制品等，其中虾产品和金枪鱼产品的出口量居世界第一。

（三）农业发展机遇

良好的政治外交环境、优势互补的农业生产要素、突出的地缘优势等为中国与泰国地区农业合作提供了良好的发展基础。

1. 投资宏观环境总体向好

（1）中泰两国拥有良好的政治外交环境

中泰两国建交以来，始终保持着健康稳定的发展关系。虽然社会制度、意识形态存在差异，但两国始终坚持求同存异、相互尊重，和睦相处。近年来中泰两国间高层会晤机制不断完善，2012年4月中泰两国建立"全面战略合作伙伴关系"，政治互信和经贸合作进一步加强。泰国投资促进委员会表示，中泰两国企业相互投资前景一直较为广阔，泰国政府将重点支持中国企业在泰国投资前景良好的产业，其中包括农业及农产品加工业。

（2）泰国经济增长前景总体乐观

2010年以来，受自然灾害、国内政局变动、世界经济疲软的影响，泰国经济发展波动较大。2015年以来，泰国经济基本面总体向好，呈温和复苏态势，旅游业恢复增长，消费者信心指数和工业指数回升，失业率和通胀率维持较低水平。2016年，泰政府继续致力于发展经济和改善民生，出台了一系列刺激经济的措施，加大吸引外资力度、主导投资大型基础设施建设和恢复出口等，各方对其经济发展持较乐观态度。

（3）泰国地理位置优越，市场潜力较大

泰国地处中南半岛中南部，南临太平洋泰国湾，东北部与老挝毗邻，西南濒临印度洋安达曼海。东西部及西北部与缅甸交界，东邻柬埔寨，南接马来西亚，是丝绸之路经济带上的重要枢纽。

2. 资源要素互补性较强

（1）中泰农业产业结构互补性较强

受自然气候条件影响，中泰两国在农产品结构和生物资源的多样性上存在较大差异，泰国的农业生产主要以热带农作物为主，而且粮食生产潜力巨大，蔬菜种植品种较为单一，而且产量偏低，种植面积有限，与我国农业产业结构形成鲜明的互补，也为两国开展农业投资合作奠定了基础。其次，中泰农业科技互补性强。泰国的农业整体上较为粗放，科技含量不高，种植技术、养殖技术与动植物疫情防控方面存在欠缺，在农业机械化水平上也与我国存在一定差距。

（2）中泰注重农业生态保护

泰国一直以来重视农业生态建设，为了保护农业生态环境，在农业生产过程中注重投入品的使用和循环再利用，不断加强对生物多样性的保护，通过建立高效的农业生态循环系统实现农业资源的零浪费。中国的农业发展所面临的环境压力越来越大，农业生产对化肥和农药的依赖度较高，两国可以在农业生态领域广泛开展合作。

3. 重点投资领域

基于中国与泰国农业资源状况、农业生产水平、地区政治环境、已有的合作基础判断，未来中国与泰国农业合作潜力较大。主要的合作领域包括农业科技、农产品深加工、农业基础设施建设等。

（1）基础设施建设

泰国农田生产基础设施落后，交通运输条件较差，物流仓储设施不足，未来中泰双方在农业农田水利、农用道路、仓储加工设施建设等方面具有较大的合作空间。同时在农业机械、边境口岸建设、物流加工体系建设等方面都有较大合作空间。

（2）农产品贸易

中国与泰国的农产品贸易往来频繁。未来中国继续扩大对泰国蔬菜等鲜活产品和畜产品、深加工产品的出口，提升出口产品的附加值和技术含量，同时增加从泰国进口具有比较劣势的粮食、热带水果、天然橡胶等。在巩固和扩大传统贸易的同时，大力发展现代服务贸易。

（3）重点农产品的种植加工

两国在水稻、天然橡胶、蔬菜等重点农产品的生产加工方面合作潜力巨大。充分利用两国种质资源，加强新品种培育的合作研究；加强栽培技术、病虫害防治等方面的技术交流；加强在机械、农药、化肥等生产工具和生产资料的研发使用。利用中国成熟的深加工技术和产业化发展经验，与泰国在水稻深加工领域开展合作，延伸产业链。

二、泰国农业投资风险分析

（一）泰国投资风险的国际评价

1. 基础设施

泰国拥有相对完善的物流系统。在 2017—2018 年度世界经济论坛"全球竞争力指数"排名中，泰国整体基础设施在 137 个国家中位列第 43 位。

泰国的基础设施总体质量排名为 67 位。其中公路设施较发达，排名第 59 位，但是主要城市公路拥堵严重；泰国铁路系统相对较落后，铁路设施排名仅为第 72 位；泰国航空事业比较发达，乘飞机入境泰国的外国游客人数占入境泰国的外国游客总人数大约 80%；机场设施排名第 39 位；泰国港口运输系统发达，湄公河和湄南河为泰国两大水路运输干线，海运线可达中国、日本、美国、欧洲和新加坡。港口设施位列第 63 位。

泰国的公路全长 115 679 千米，其中 99% 是铺装道路。泰国的铁路系统从 19 世纪开始发展，但是最近几年对铁路的投资相对较少，目前泰国正在加强这一领域的投资，希望借此提振经济，而中日两国在泰国高铁项目上正在展开激烈的竞争。目前泰国已有 122 个港口码头，包括 8 个国际深水港，分别位于曼谷、东海岸的廉差邦和马达朴以及南海岸的宋卡、沙敦、陶公、普吉和拉农等府，年吞吐量超过 450 万标准集装箱。湄公河和湄南河为泰国两大水路运输干线，内陆水道 4 000 千米，重要港口包括清盛港、清孔港等。[①]

2016 年 9 月，泰国内阁批准了该国第十二个五年国民经济和社会发展计划，政府将在十二五期间投入 3 万亿泰铢发展基础设施

---

① 商务部研究院等，对外投资合作国别（地区）指南：泰国（2016 版）。

建设，其中大型基建投资项目数有 40 个。① 根据泰国 2002—2031 年发展规划，泰国国家铁路公司已完成对 1 953 千米路轨的升级。

泰国的电信业也比较发达，目前各种形式的电信网络覆盖全国各地。泰国电信通讯能力排名第 57 位；每百人中的移动电话用户数量排名第 5 位；每百人中的固话用户数量排名第 91 位。

投资者在泰国经营相对方便，因为全国的电力覆盖率达到 99%。泰国不是产油大国，主要依赖进口来满足对燃料的需求，因此不可避免地带来了较高的能源成本。虽然泰国位列中等收入国家，但互联网普及率低，二者并不协调，主要原因在于城市化比例较低。

2. 经商便利程度

据世界银行和国际金融公司发布的《营商环境报告 2018》（Doing Business 2018），泰国的经商便利程度在 190 个国家中，排名第 26 位，相较于 2017 年跃升 20 位。

《营商环境报告 2018》中以下 10 个方面泰国在 190 个国家中的排名：

- 设立企业便利程度（第 36 位）；
- 获得建设许可便利程度（第 43 位）；
- 获得电力供应便利程度（第 13 位）；
- 财产注册便利程度（第 68 位）；
- 获得信贷便利程度（42 位）；
- 投资者保护力度（第 16 位）；
- 缴税便利程度（第 67 位）；
- 跨境贸易便利程度（第 57 位）；
- 执行合同便利程度（第 34 位）；
- 破产处理便利程度（第 26 位）。

与 2017 年相比，泰国共有 6 项指标排名得到提升。其中设立

---

① 中国商务部. 泰十二五计划通过投入总额 3 万亿铢［EB/OL］.（2016 - 09 - 15）. http：//www.mofcom.gov.cn/article/i/jyjl/j/201609/20160901394155. shtml.

企业便利程度上升 42 位。泰国商业部对经商注册手续的简化是提升排名的主要原因，以前注册需要 5 道程序，耗时 25.5 天，简化后只需 2 道程序，仅需 2 天即可完成，手续费也从 6 600 铢减至 5 800 铢。获得电力供应便利程度上升 24 位，获得信贷便利程度上升 40 位，投资者保护力度上升 11 位，缴税便利程度上升 42 位，执行合同便利程度上升 17 位。

同时，共有 4 项指标排名有所下降，获得建设许可便利程度、财产注册便利程度与跨境贸易便利程度都下降 1 位，破产处理便利程度下降 3 位。

《营商环境报告》同时指出，泰国经商便利程度整体排名在东亚和太平洋地区国家中位居前列，仅落后于新加坡（第 2 位）、中国香港特别行政区（第 5 位）、中国台湾（第 15 位）和马来西亚（第 24 位）。同属该地区的越南排在第 68 位，印尼第 72 位，中国第 78 位，菲律宾第 113 位，柬埔寨第 135 位，老挝第 141 位。

需要注意的是，泰国劳动部在 2011 年发出警告，工业领域的劳动力在未来的几年内会有短缺现象。另外，泰国的劳动力主要从事于制造业、农业和服务业。劳动人口当中，来自其他东南亚国家的非法劳工的数量很大。为了促进经济发展，泰国依靠移民劳工来弥补本国的低生育率。虽然无法具体衡量非法外来劳工的数量，但是多数人预计人数在 200 万～300 万。

3. 腐败

泰国是腐败问题较为严重的国家之一。20 世纪 90 年代以来，泰国逐渐形成了较为完善的反腐体制，其组织与运作的特点，主要表现为强调以国家反贪委员会为主的独立监察机构的作用；建立并完善财产申报审核制度，重视提高反腐工作的效率；提高民主监督的地位，拓宽社会公众参与监督的途径和范围。

从目前的情况看，反腐体制的建设已在一定程度上逐步改善了泰国的廉政状况。但是由于政治、文化和社会方面的廉政配套改革的进展迟缓，泰国反腐体制的实际运行效果在总体上始终有些差强人意，未能达成从根本上解决腐败问题的预期廉政建设目标。

根据透明国际组织公布的 2016 年"全球廉洁指数"国家排名，在 176 个国家中，泰国排名第 101 位，得分 35 分（满分 100 分，得分越高，公共部门腐败程度越低），其所处的亚太地区的平均得分为 44 分。176 个国家中，丹麦与新西兰（90 分）廉洁程度排名并列第一，芬兰（89 分）排名第三。索马里位于末位（得分为 10 分）。

泰国在 2014 年和 2015 年的排名分别为第 85 位、第 76 位，2016 年排名有所下降，贪腐比较严重的问题未有改观。

4. 政治/安全风险

泰国政治受军人集团影响较大，军事政变时有发生。由于军队在国家中的特殊作用，泰国成为世界上军事政变最多、权力交替最频繁的国家之一。据统计，普密蓬国王在位期间就经历了 20 多次政变。此外泰国各政党之间斗争激烈，互相倾轧，议会解散、提前选举也是屡见不鲜。2016 年 10 月 13 日，泰国国王普密蓬病逝，有分析人士指出，"泰国的未来恐怕将会陷入一段长时期的不稳定"。国内政治不稳定，使得在泰国投资面临较高的政治风险。

根据《2016 全球风险地图》的评估，泰国政治风险为高风险，安全风险为中等风险。以下地区安全风险为高风险：曼谷（Bangkok）；动乱地区以那拉提瓦（Narathiwat）、也拉（Yala）、北大年（Pattani）、宋卡（Songkhla）四地为主。

（二）在泰国投资的主要风险因素

泰国的商业环境给予投资者极大的便利，包括拥有基本文化和计算能力的大量青年劳动力，不断增加的外国经济力量的参与以及发达的物流网络。但是泰国仍然存在明显的风险，尤其是潜在的政治暴乱以及南部地区正在进行的分离主义的暴乱。

1. 犯罪和安全风险

对于商业活动和工人来说，泰国是一个相对安全的地方。尽管分离主义分子在南部进行的暴乱和定期的公众游行可能会影响商业活动，但泰国没有足以影响商业运行的安全风险。然而确实存在一些严重的犯罪风险，尤其是金融、互联网和有组织犯罪，网络攻击是最影响商业活动的犯罪之一，需要较高的成本才能有效预防。同时，泰国有组织的大型犯罪网络会与合法的企业进行低价竞争，并且与政府勾结进行恶性竞争。泰国皇家警察的腐败和不作为是公认的，这意味着对外国人和商业活动的犯罪难以解决。

2. 劳动力市场风险

与东南亚其他国家一样，泰国的劳动力市场竞争力不够。由于技术和非技术劳动力短缺以及劳动力成本的增加，泰国正在失去作为制造加工地的吸引力。同时，教育产业的薄弱使得其向知识导向型经济的转型变得困难，较弱的外国语言技能也限制了国际服务领域的投资。尽管过去十年泰国通过教育政策的推行来改变上述问题，但工业发展与教育体系的不一致依然造成人才的竞争力缺乏。

3. 贸易和投资风险

由于泰国在贸易和投资（包括税收激励政策）方面有较高的经济开放水平，泰国作为贸易和投资中心的地位得到了提升。但是，泰国出口产品需求的下降（主要来源于中国和日本）、国有企业占比较高、法治薄弱以及腐败盛行限制了泰国的发展潜力。

4. 物流风险

泰国正致力于成为东南亚的物流中心。泰国军政府自 2014 年执政以来，增加了对于基础设施的拨款，例如交通基础设施。同时泰国政府正在采取积极措施，利用现货市场低油价的优势获得低廉的燃料和电力价格，旨在保证中长期的国家安全。由于工业、农业以及普通民众用水需求增加，加之气候变化导致旱涝灾害，泰国的可利用水资源中长期来看将会是一个主要的风险。

三、泰国农业投资合作实务指南

（一）产业准入与监管

1. 外国投资限制

外国个人或法人在泰国从事某些领域的业务以及拥有土地所有

权方面存在限制。在这里，外国法人指的是 49％以上的已发行股份总额由外国投资者和外国团体持有的公司，包括外国成员超过成员总数一半以上的合作社，或者那些专门或主要为外国投资者牟利的法人。外资份额低于该比例的公司所从事的业务可以不受此限制。

总体来讲，在泰国鼓励并欢迎外商投资的大环境下，依据1999 年《外商经营法》（Foreign Business Act）（1999），针对不同商业领域的外商投资规定了不同的限制条件。《外商经营法》于2000 年 3 月正式实施，并对前来泰国投资的外商投资行为作出了规定。按照该法案，有关外商投资的限制涉及 43 个领域，并分成以下 3 类。

（1）严禁外国投资者从事的业务

- 新闻、无线广播电台或广播电视台业务；
- 水稻耕作、种植业以及作物栽培；
- 畜牧业；
- 林业、原始森林木材加工业；
- 泰国水域以及泰国专属经济区内的水产捕捉业；
- 泰国草药提炼；
- 泰国古董及具有历史价值的物品的交易以及拍卖；
- 佛像、僧侣钵盂的制造和烧铸；
- 土地交易。

（2）除非外国投资者获得内阁的批准，否则不得从事

只有泰国人或按《外商经营法》规定的非外国法人所持股份不低于外国法人公司资本的 40％时，外国投资者才可以从事这些业务。除非有适当理由，商务部长可以根据内阁的批准放宽持股比例，但不得低于 25％，而且泰国人所占董事的比例不得低于 2/5。

该类限制业务具体包括以下领域中的业务活动：

- 与国家安全相关的领域；
- 对艺术、传统以及民间手工艺有影响的领域；
- 对自然资源或环境有影响的领域。

（3）除非获得商业发展厅（Department of Business Development）厅长的许可，非泰国人禁止从事

该类业务活动是泰国人尚未具备能力与外国投资者竞争的行业，共有 21 类具体的业务活动，包括植物品种的栽培、繁殖或发展；任何传统农业产品的国内贸易。

外国投资者如果想要从事第二类或第三类中的业务，应当根据部级法规所规定的原则和程序向部长或厅长提出申请。外国商业经营许可证申请是否通过，取决于该申请对以下方面产生的影响力（积极或消极）：

- 国家安全；
- 经济和社会发展；
- 公序良俗；
- 艺术、文化、传统和习俗对于国家的价值；
- 自然资源的保护；
- 能源；
- 环境保护；
- 消费者保护；
- 企业规模就业；
- 技术转让；
- 研究与开发。

申请结果在提交之日起 60 天内给出。如果申请获得内阁或厅长的批准，则外商经营许可证将在批准之日起 15 天内颁发。

2. 外国投资的法律形式

任何法律实体、个人、法人或合作社均可以开展农业活动，但合作社是农业领域通常采用的法律形式。外国投资者不得加入或投资合作社。对于在泰国投资或开展商业的外国投资者来说，成立一家有限公司通常是首选的投资方式。

（1）合作社

合作社是指在自助和互助基础上、为了社会经济利益而共同管理事务，并且依照《合作社法案 B. E. 2542》（1999 年）登记的

组织。

合作社的资本被平分成等额股份，每名成员必须至少持有一份，但不能超过已交款股份总额的 1/5。合作社基于共识做出决定。每名成员或成员代表在会议中有一份投票权。一旦出现得票相等的情况，大会主席拥有额外的一票作为决定票。全体大会的决议必须经多数表决通过，但是在特定情况下，比如就修改章程、合作社分立或合并等事项，须经出席全体大会的成员或成员代表的 2/3 及以上表决通过。

合作社成员必须是达到法定年龄（即 20 岁）的自然人，并仅拥有泰国国籍，以防止外国人利用合作社成员的特权（例如，免税、免政府费用等）（依照合作社促进部在 2009 年 10 月 6 日发布的 Gor Sor 1115/054 号规定），合作社不得接受外籍人士为正式会员或准会员。另外，大多数泰国农业合作社仅为农民设立，根据皇家法令（Royal Decree）附录中的相关规定，外籍人士禁止从事农业劳动。

（2）有限公司

根据泰国的民商法典，有限公司由等额股份的资本组成，股东的责任只限于其应缴注册资本中未缴纳的部分（如有）。对于一家拥有土地或参与《外商经营法》项下限制业务的公司，外国人不得拥有该公司超过一半的股份。

（二）劳动就业要求

1. 外籍职工

外国人在泰国工作必须获得工作签证。在泰国从事无偿工作或临时工作的外国人同样需要取得工作签证。对于大多数员工来讲，申请程序如下：

· 每一个外国员工需申请并获得非移民签证—商务签证 B，其有效期为 3 个月；

· 外国员工入境泰国后，员工或雇主从泰国劳工部申请并获得工作签证。雇主也可以在员工入境前为其申请工作签证，在员工入境后，会发放工作签证；

• 申请工作签证的流程需要花费的时间因地区不同而有所差异，一般现场申请需要 1～2 个工作日，而邮寄申请则需要 5～10 个工作日。[①] 对于那些获得投资鼓励、已在泰国投入 3 000 万泰铢或更多资本或其他符合条件的公司来讲，该时间能够被缩短成 1 天；

• 工作签证发放后，外国员工可以申请为期 1 年的签证。该 1 年签证需要每年进行续签，并得到泰国皇家警察局移民局的批准；

• 外国员工不能从事 39 项特定职业，包括劳工、秘书和建筑工作；

依照泰国法律，每付 200 万泰铢注册资本，公司可以雇用 1 个外国工人，但最多不能超过 10 个。若雇主想雇用超过 10 个外国工人，须满足下列条件之一：

• 该公司在上一年已支付至少 300 万泰铢的所得税；

• 该公司在上一年通过出口引入 3 000 万泰铢；

• 该公司在前一年已经吸引至少 5 000 名外国旅客到泰国；

• 该公司雇用了至少 100 个泰国公民；

一个公司内的泰国员工与外国员工的人数比例至少为 4∶1。对于代表处或分支机构，该比例为 1∶1。如果雇主不符合相关规定，可能受到高达 10 万泰铢的罚款。

外国员工无需取得居留许可。对于持有 1 年工作签证的外国员工且在泰国持续居住满 3 年以上可以申请居留许可。通常，外国员工在泰国工作还须获得工作许可。雇员在进入泰国境内之前即可开始申请工作许可，但是只有亲自达到泰国劳工局（Labour Office）后才能获得该工作许可。一旦完成在劳工局的申请程序，该申请会被立即提交至劳工部。工作许可的有效期根据工作的必要性或工作

---

① https：//uk. practicallaw. thomsonreuters. com/Document/I1ba2a12e322111e598 dc8b09b4f043e0/View/FullText. html？transitionType＝CategoryPageItem&contextData ＝（sc. Default）&firstPage＝true&bhcp＝1.

需求来确定，但最长不超过 2 年。大多数情况下，工作许可的有效期不超过非移民签证 B 的有效期。

雇用出现任何变化、转换或终止情况，必须在 15 天内通知劳工部。此外，如果劳动关系终止或雇员辞职，则该雇员必须向劳工部归还工作许可，否则将接受 1 000 泰铢的处罚。

申请工作许可的费用为 750～3 000 泰铢（根据有效期的不同而不同）。申请期限为 2～4 周。未获得工作许可的外国雇员可能会面临不超过 5 年的监禁，以及/或者 2 000～100 000 泰铢的处罚。外国人从事禁止类职业或违反工作许可规定的条件可能会面临最高 20 000 泰铢的罚款。

允许雇员非法从事上述工作的雇主可能被处以最高 60 000 泰铢的罚款以及/或者最高 3 年的监禁。

依照《投资促进法》（Investment Promotion Act），泰国投资促进委员会（Thailand Board of Investment）所鼓励的公司，其聘用员工的程序在某些方面更加简单，具体规定如下：

相关部门提供签证和工作许可申请的一站式服务中心，只要公司符合申请一站式签证和工作许可服务的条件，签证更加便捷，签证和工作许可处理时间能够被缩短到一天，对于在鼓励项目中工作的员工，取得工作许可通常更加容易。

2. 劳动合同形式

劳动合同可以以口头或书面的方式签订。如果以口头方式签订，其可通过社会安全局或税务部门出具的工资文件或者其他文件证实。劳动合同关系的内容可以通过双方当事人的行为证实。

劳动合同在泰国适用泰国法律。劳动关系必须符合《劳动保护法案》（Labour Protection Act）（1998）的要求。未在合同中加入劳动保护法案的义务条款导致雇用合同不合法，雇主将受到监禁和/或罚款的处罚。

劳动合同的有效期限有不定期和固定期限两种（固定期限可根据劳工保护法规定在合同里约定）。如果合同并未明确，该期限被认定为不定期。

泰国法律未就试用期作出规定。但是在工作的前四个月里解除劳动合同的相关法律规定相对宽松。如果在 120 天内解除合同，雇主不需要支付离职费，但在此时段内解除劳动合同要求雇主提前一个工资周期（通常为 1 个月）作出通知。

3. 工会

依据《劳动关系法》（Labor Relations Act）（1975），泰国员工有权自主成立和加入工会。经中央登记署登记备案后，工会为泰国法所认可。工会至少由 10 个以上成员组成，但是只有当至少20%的员工都为工会成员时，工会才能对其雇主提出要求。为相同雇主工作或者在相同领域工作的员工可以成立工会。

雇主没有成立工会的义务，但雇主不得阻碍工会成立，并且必须给予最低限度的支持。工会有权参加会议、罢工、公告并解释劳动纠纷的相关事实，以及为了成员福利开展活动等。

4. 薪酬

法律规定，工资不得低于全国最低工资水平。自 2017 年 1 月 1 日起，泰国 77 个府的最低工资标准每天 300～310 泰铢不等。[①]外籍员工适用不同的最低工资标准。但是，外国人的最低工资标准只有在每年更新签证的时候执行。

除非员工同意在不同地点支付，雇主应当在工作履行地支付工资。因此，通过银行转账的方式支付工资需要经过员工同意。

5. 工作时间

工作时间标准为每日不超过 8 小时，每周不超过 48 小时，特殊行业每日工作时间可能延长，但是每周工作总时长不得超过 48 小时。对于有害雇员健康的工作和危险工作，每日不得超过 7 小时，每周不得超过 42 小时。雇员每周至少应休假一天，雇主不得要求雇员加班，除非雇员同意，且超过最高工作时间必须付给雇员

---

① 东盟学院．泰国政府公报：最低工资标准 2017 年 1 月 1 日起实施［EB/OL］．(2016－12－27)．http：//dongmengxueyuan.gxun.edu.cn/info/1502/11212.htm.

补偿金，补偿金为正常工作时间工资的 1.5～3 倍。[①]

6. 工作条件

在泰国工作条件适用多个法律法规，比如《劳动保护法》和《职业安全和健康法》（Occupational Safety and Health Act）(2011)。这些法律法规为工作条件制定了标准，对工作场所安全进行了规定。关注的问题有：禁止使用年龄低于 15 岁的童工，免受骚扰和性虐待，禁止歧视，安全着装规定以及环境标准。

另外，员工享有泰国法律规定的福利。员工每年享有最多 30 天的带薪病假（超过 30 天以上的病假不带薪）。怀孕的员工享有包含假期在内的 90 天产假（其中的后 45 天不带薪）。

7. 裁员/解雇/劳动合同终止

（1）雇主可以在下列情形下解除劳动合同

- 与公司清算相关；
- 作为一般员工减裁的一部分；
- 员工履行职责时不诚信；
- 员工对雇主故意实施了犯罪行为；
- 员工故意给雇主造成了损失；
- 员工因重大过失给雇主造成了严重损失；
- 虽然前一年雇主进行了书面警告，但是员工依然违反合同法中合法并合理的工作规定或规章；如果情况严重，书面警告并不必要；
- 员工无正常理由连续三个工作日不履行工作职责；
- 员工因最终判决被囚禁。

（2）终结劳动关系需要满足以下程序要求

- 雇主必须提前一个工资周期将通知送达雇员，除非该雇主用额外补偿替代通知，否则不能提前解除雇佣关系。如果雇主解聘雇员是因为部门和业务调整、设备技术改造等原因，那么雇主需要提前 60 天通知雇员；

---

① 2016 商务部泰国国别指南。

- 如果解除合同是因为公司内部的重组，雇主必须提前 60 天将解雇通知送达劳工督察；

- 如果因上述第 3 至 9 项原因，雇主决定解除劳动合同，无须提前通知雇员。

- 雇主解雇雇员，需要为该雇员发放离职遣散费。对于已连续工作满 120 天的员工，遣散费要等同于 30 天的薪水；对于已连续工作满 1 年的员工，遣散费要等同于 90 天的薪水；对于已连续工作满 3 年的员工，遣散费等同于 180 天的薪水；对于已连续工作满 6 年的员工，遣散费等同于 240 天的薪水；对于已连续工作 10 年及以上的员工来讲，遣散费等同于 300 天的薪水。

2017 年，泰国通过了《劳动保护法》（Labor Protection Act）修订案。修订案规定，雇主必须为年满 60 周岁的雇员办理退休手续，且将该正常退休认定为辞退的情况下，雇主需向其补偿最多 10 个月薪水。如果没有约定或者规定退休时间，或者约定或规定的退休年龄超过 60 岁，年满 60 岁的雇员有权通过向其雇主告知退休意向的方式来行使其退休权利。退休将自雇员表达退休意向之日起 30 日后生效，雇主必须向退休雇员支付法定遣散费。修订案允许双方重新签订一份不受劳动合同法保护的用工协议。而协议的内容则由双方协商确立，用人单位（雇主）将无须向雇员给予任何补偿。

（三）土地使用规定

1. 土地使用权和所有权的获得

泰国 1954 年《土地法》（Land Code B. E. 2497）限制外国主体（无论是个人或法人）拥有土地，除非该外国主体根据特定法律获得政府部门（例如泰国投资委员会或工业用地管理部门）的许可，或者根据 1975 年《农业土地改革法》（Agricultural Land Reform Act B. E. 2518）在特定条件下获得土地。

在泰国，农业土地改革由《农业土地改革法》规定。改革后土地是由农用地改革办公室（ALRO）通过从公共领域获取或从私人土地所有者处购买、征收后将其改为农用地的方式获得的。

ALRO 有权根据委员会制定的相关规定、方法和条件（《农用地改革法》第三十条）向农业工作者和农业机构提供土地。规定必须符合以下条件：

• 为每个农业工作者及其从事其他农业领域的家庭成员提供不超过 50 莱（80 000 平方米）的土地，下一款中规定的畜牧业除外。

• 为每个农业工作者及其从事畜牧业〔按照农业和合作社部（Ministry of Agriculture and Co-operatives）通知中列为大型动物的畜牧业〕的家庭成员提供不超过 100 莱（160 000 平方米）的土地。

• 土地面积必须由委员会根据农业机构（例如农业工作者小组或农业合作社）的类别和经营情况进行其认为合适的认定。

如果土地是提供给农业工作者，ALRO 通过签订租赁或分期购买合同的方式进行，在该合同下，土地所有者将土地出租并且基于承租方提供特定数额的付款，承诺将土地出售给承租方，或使土地归承租方所有，提供给农业工作者。如果土地是提供给农业机构，ALRO 通过租赁提供。

除了农业工作者和农业机构外，只要土地面积不超过 50 莱（80 000 平方米），任何个人或法律实体均可租用、分期购买和购买，使用 ALRO 提供的农业土地或不动产，但仅作商业支持或农地改革相关的用途。

ALRO 提供的该权利仅适用于占有和使用土地。该权利除了以下情况，不得转让：作为遗产转让给合法继承人；向农业机构转让（农民小组、合作社或由合作社法律承认的合作社团）；为改革目的转让给 ALRO。

不在农用地改革制度系统中的农业用地也可由私人所有者转让。但该转让必须向有关的土地管理局登记。

法律未就 ALRO 出售农用改革地的最低土地购买价格作出规定。然而，每一块土地的价格都将由财政部认定和评估。

农民和 ALRO 之间的土地租赁或土地使用协议对承租人终生有效。

对于分期付款购买，农业工作者可选择其认为合适的分期付款期限（5 年、10 年、12 年或 15 年，视情况而定）。

外国人作为支持农用地改革或与其相关的商业经营者，可以租赁或使用农用改革地，前提是其获得了 ALRO 委员会的许可。租用期限将由 ALRO 视不同情况而定，最长租用期限是 30 年。

2. 外资获得农用地所有权或使用权的限制

（1）农业改革土地

根据《土地法》，外国人取得土地要受到严格限制。然而根据《农业土地改革法》，外国人只要获得了 ALRO 的许可，就有资格作为支持或涉及农业土地改革活动的商业经营者租用或使用农业改革土地。该等商业经营者必须从事农业土地改革相关的活动，例如：农业学术研究；与促进或保证农产品价格或降低农产品生产成本有关的活动；与 ALRO 达成的任何其他活动；与农产品生产、分销和营销的发展相关的活动。

外国人可以从事的活动受《外商经营法》的限制，且须经内阁批准或得到泰国商务部商业发展厅厅长的许可。

（2）非农用地

除了农改土地外，外国人通常也可以租赁包括非农业用地在内的不动产。3 年以上的不动产租赁须以书面形式提出，并在土地所在地相关土地管理局登记。否则，租赁协议的有效期最长 3 年。泰国法律允许的最长租赁期限为 30 年，可续签额外 30 年。

租赁期限超过 30 年（不超过 50 年），且总面积不足 100 莱（160 000 平方米）的土地租赁也可能获准，条件是租户将其用于商业或工业用途，或满足以下要求［1999 年《商业和工业用途不动产租赁法案》（Act on the Lease of Immovable Property for Commercial and Industrial Purposes B. E. 2542（1999）]：

· 商业用途的租户投资（不包括租金）将超过 2 000 万泰铢；

· 租户的工业业务已获得投资促进委员会（Board of Investment）的推动。

该等租赁权可以转让给第三方。

3. 获得农业改革土地使用权的程序

农业改革土地使用权的获得不经过招标或拍卖程序：申请人必须向 ALRO 提交申请并由 ALRO 自行决定。

一旦申请提交给 ALRO，委员会将审议该申请。如果申请获得批准，申请人将在收到批准函 30 天内与 ALRO 签订协议。否则，委员会可以撤销批准。

严禁私自处置农改土地，除非作为遗产转让给合法的继承人，或转归用于农业改革的农业机构或 ALRO。

（四）环境保护要求

1. 主要环境保护法律法规

• 《国家环境质量促进和保护法》（1992）〔Enhancement and Conservation of the National Environmental Quality Act of B. E. 2535 (1992) (NEQA)〕是泰国关于环保的基本法律；

• 根据《国家环境质量促进和保护法》制定的《污染防止和减轻政策》（1997—2016）包括一系列来源于其的政府政策，尤其是针对水污染、空气污染、噪声和震动污染、固体废弃物和粪便污染、有害物质污染与有害废弃物污染等的政策：a.《土地质量标准》(Soil Quality Standards)（2004）；b.《空气质量和噪声标准》(Air Quality and Noise Standards)（2007）；c.《水质量标准》(Water Quality Standards)（2009 年 8 月）；d.《工厂法案》(1971)（The Factory Act of B. E. 2514 (1971)）制定了在泰国开工厂的准则，以及关于工厂选址、所使用机器的类型和质量，对周边环境有潜在影响的排放测量标准的规定。

• 《国家环境委员会公告》(National Environment Board Announcements)，规定了实施污染特别控制的区域，包括芭提雅和普吉岛。并且规定了海水、地表水、地下水的质量标准；

• 《科学、技术和环境部公告》(Ministry of Science, Technology and Environment Announcements)，其列出了芭提雅、皮皮岛和普吉岛内的特定保护区域和保护措施，以确保其环境不受污染，并且规定了来自开发区、沿海鱼类孵化场和其他地区的污水排放的控制标准；

• 《卫生条例》（Sanitary Regulations）规定了废物与垃圾处理的程序。

2. 环境影响评估

泰国 1975 年第一次提出关于环境影响评估（Environmental Impact Assessment，EIA）的强制要求，目前，相关规定详见《国家环境质量促进和保护法》第 46 条。在泰国自然环境委员会（National Environment Board）的批准下，泰国自然资源和环境部有权规定必须进行 EIA 的项目规模和类型。相关项目首先进行初步环境审查，如果对环境的影响程度较低，则不再适用 EIA 程序；如果项目对环境造成重大影响，则必须向自然资源和环境政策规划办公室提交 EIA 报告，接受审核和修改。EIA 报告必须由在自然资源和环境政策规划办公室注册认可的咨询公司出具。相关项目只有获得环境影响评估许可后，才能得以推进。

3. 主要环境监管部门

泰国自然资源和环境部（Ministry of Natural Resource and Environment，MNRE）的主要职责是制定政策和规划，提出自然资源和环境管理的措施并协调实施，保护、发展和恢复自然资源和环境，以确保其可持续使用和发展。其下设有部长办公室、自然资源和环境常务秘书处、污染控制厅、矿产资源厅、水资源厅、环境质量促进厅等部门。

（五）跨境销售商品和服务要求

1. 泰国的跨境销售主要渠道

（1）直接跨境销售

向数量较少的企业客户销售工业产品，许多中国供货商会选择直接跨境销售。直接跨境销售中的重要商业术语如下：

关税：请见本章第（六）部分。

支付货币：通常泰国进口合同中价格以美元、欧元或英镑表示，有些也可以以人民币计价。

支付条款：不同产品、工业部门不同，通常预支付 10％～30％的费用，交付时支付 70％～90％的费用，如果供货方还提供安装、试运转等服务，最后还要支付 10％～30％的费用。

支付安全：通常使用信用证或银行担保来保证支付安全。不过，对于信誉很高的泰国大企业，且与中国供货商有过多次类似交易的，中国供货商可以依赖客户的信誉或其母公司的企业信誉。

保证：保证条款和欧洲、国际标准相似，包括一般保证（General Inclusive Warranty），保证货物全新、不设留置权、无产权负担、无缺陷（符合描述），供货商原因造成的缺陷除外。

保证期限：保证期限通常依行业习惯，不过一般不超过 12 个月。

适用法律：跨境合同中，合同方有权选择适用泰国法律、中国法律或第三国法律，只要其不违反泰国法律的公共秩序和道德。

争议解决：在国际商会仲裁院（ICC）、新加坡国际仲裁中心（SIAC）、伦敦国际仲裁中心（LCIA）、香港国际仲裁中心（HKIAC）系统下，仲裁在泰国是最常用的争议解决方式。泰国已签署《承认及执行外国仲裁裁决公约》（1958 年《纽约公约》）。根据公约，各缔约国应承认仲裁裁决的法律效力并依援引裁决地之程序规则及下列各条所载条件执行之。外国法院判决在泰国不能被执行，但可以作为证据。

（2）设立代表处/联络办公室或分支办公室

代表处

代表处不能从事直接的商业活动，例如签订商业合同。代表处的活动范围限于下列事项：

• 在泰国，为总部和/或附属机构/子公司寻找货物或服务的购买资源；

• 核查和控制在泰国由总部和/或附属机构/子公司制造或购买的货物的质量和数量；

- 在泰国，向销售给代理或客户销售总部和/或附属机构/子公司的货物提供建议和帮助；
- 传播总部和/或附属公司/子公司的货物或新服务的信息；
- 在泰国，向总部和/或附属机构/子公司报告商业往来；

值得注意的是代表处不得有任何收入来源于以上活动。代表处从事以上活动的所有支出由总部承担。总部将是唯一的资金来源。代表处的外国员工数量依据需要而定，但是不能超过 5 人（第一年不得超过 3 人）。对于泰国本地员工的数量没有限制。

分支机构

私人有限公司是最常使用的结构，因为股东的责任对于分支机构而言是有限的，在外国的总部须为在他国设立的分支机构的所有行为负责。依据泰国《投资促进法》，只有有限公司有资格申请投资委员会的优惠政策，分支机构无权申请。

中国企业若打算在泰国开展业务，例如项目工程，通常需要建立一个分支办公室开展项目。如果中国投资者的目的是在泰国运营一段时间，那么分支机构是一种可行方式，因为相对私人有限公司而言，关闭此分支机构并不复杂。解散和清算一个有限公司通常需要花费很长时间。

分支机构通常不需要进行公司登记，除非其开展《外商经营法》（Foreign Business Act）（1999）下的禁止性业务，此时需要获得外商经营许可证。

（3）设立销售和售后服务子公司

中国企业在泰国可以设立一个全资子公司以进行销售活动和售后服务。泰国《外商经营法》限制外国投资者许多经济行为，例如，批发和零售经济及服务活动。《外商经营法》第 3 列（14）、（15）条保留了贸易业务（包括零售和批发）。依照《外商经营法》第 3 列（14）条，限制各类货物零售商最低注册资本不超过 1 亿泰铢或单店最低注册资本不低于 2 000 万泰铢；依照第 3 列（15）条，限制各类货物批发商最低注册资本不超过 1 亿泰铢。依据外商经营法第 3 列（21）条，售后服务也被保留。

在泰国，外国投资商最常采用的法人实体形式为私人有限责任公司。私人有限责任公司的注册流程相对较为简单，易于操作。

中国投资商必须严格遵照下述流程来完成一家新的私人有限责任公司的注册登记：

• 前往泰国商业发展部门对公司名进行登记备案。所选公司名一旦通过审批，将在 30 天内有效；

• 到商业发展部门对公司章程大纲进行登记备案；

• 召开法定会议。在实际操作中，这是一个名义上的会议，在新公司注册的当天以书面形式召开；

• 申请注册。新公司必须在召开法定会议后三个月内到有关部门进行登记注册。

对于新建的私人有限责任公司的注册可在公司名注册成功后的几天内开始进行，并完成注册程序。公司注册成功后，新建的私人有限责任公司即可立刻开始运营。

在注册之后，私人有限责任公司（如果该公司一年的总收入超过 180 万泰铢）必须向相关税收部门申请增值税证书。

（4）通过第三方经销商/销售代理

中国企业可以通过第三方销售代理或分销商为泰国客户提供货物和服务。这两种方式都各有自己的特点和优势。代理和分销协议需要在泰国办理登记和批准。

代理

第三方代理可以作为中国货物或服务的销售代表，但是只能从事挖掘潜在客户和提供客户产品和服务信息工作。按法律规定，第三方代理不得从中国供应商处购买货物或服务再转售给泰国的最终客户，不得结转库存，并且无权代表中国供应商与最终客户签订合同。在销售代理参与的情况下，中国供应商作为一方当事人直接签订销售合同；合同条款遵循本章第（五）部分（1）项所列原则。

需要注意的是中国供应商的员工在泰国任何一年不得停留超过

180 天（无论是进行促进销售、合同谈判，或者执行合同，包括运输、安装和调试，或售后服务）以避免成为常设机构，否则中国供应商要支付额外的税款，即 20％税率的公司所得税（源自泰国的净收入）。

在日常消费品领域，在泰国投资的外国供应商很少使用销售代理。但是涉及重工业品买卖时，雇佣销售代理非常有用。在选任泰国方面的销售代理时，中国供应商应注重以下几点：

代理人资质：代理人应该同时具有与潜在客户的良好关系和相关行业的从业经历；具有良好的声誉，不存在违法或者腐败等不良记录；为保持代理人独立，政府官员不能成为代理人，代理人也不能与潜在客户存在直接或间接利益关联。

独家代理问题：当泰国代理商提供独家代理服务时，中国供应商应尤其注意，仔细限定独家代理的地域范围和时间期限；独家代理权应以独家代理商提供令人满意的服务为前提；代理合同同时应明确规定，若独家代理商未能提供符合条件的代理服务，代理协议可以终止。

授权权限：中国供应商应明确代理人的代理权限。建议中国供应商应保留依据其已获得合同或已掌握的客户资源，直接在泰国进行销售活动的排他性权利。

代理人义务：代理协议应明确规定代理人的以下权利义务：a. 为促进和便于货物或服务销售，提供涵盖销售合同签订前后的供货、安装和收款等流程的全面服务；b. 遵守包括反腐败法律在内的相关法律。

竞业禁止：中国供应商应注意确保其代理人不为其竞争者同时提供相似服务，这一点在涉及泰国核心目标客户时尤其重要；当然，作出这一商业决定时需要考虑整体的市场条件。

佣金：通常，代理人依据总销售额按照一定比例支取报酬；这一比例的确定通常参考行业标准，采取浮动比例计算——合同标的越大，佣金比例越低；反之则相反。

佣金的支付方式：只有在供应商已经获得终端客户支付的货款

后，才能按比例向代理人支付佣金；供应商绝不能在与终端客户签订合同之后，立即全额支付代理人佣金。

法律适用：详见本章第（五）部分第（1）项。

争议解决：详见本章第（五）部分第（1）项。

经销商

进入泰国市场最常见的方法，是使用一个或多个当地经销商，尤其在消费品销售方面。

在典型的经销合同中，经销商通过签订跨境进口合同，依照约定的合同条款从外国供应商处购进商品，储备存货，并根据另外的国内销售合同项下的相关条款，在泰国市场将货物销售给终端客户。因为经销商购进货物后提价销售，并不靠佣金获得报酬，分销关系中出现腐败的可能性要明显低于销售代理关系。但是，中国供应商在选任经销商时，仍应倍加注意。

同时还应注意以下几项关键原则：

经销商资质：在泰国，成为经销商不需要经过特别认证或者审核批准。根据尚未颁布的经销商草案，泰国经销商必须在商业部登记，在登记之前，拥有成功经营两家店铺至少两年的经验。所以，中国企业应该注意所选择的经销商的资质。经销商应该掌握优质的市场资源、具备相关行业从业经历和人力、物力、财力方面的充足资源，以便推广商品，并能提供进口通关、仓储、市场营销（包括商品推销和广告）、销售以及售后服务方面的后勤支持。

独家经销：如果经销商被授予独家经销权，该权利必须被限制地域和时间段，且受制于最低履行标准。地域/客户经销协议应当明确地域（例如，泰国，或限制于具体的省份或城市）和客户类别；中国供应商应当保留直接向某些重要客户销售的权利。

最低销售目标：中国供应商应为所有的独家经销商乃至部分非独家经销商设定一定的最低销售业绩目标，以确保经销商最大限度开发市场；如果独家经销商未能完成最低销售业绩目标，中国供应商应该享有解除经销协议，或者将独家经销协议变更为非独家经销协议的权利。

经销商义务：除了提供上文提到的全套后勤保障服务外，经销商义务应包括保护供应商知识产权，在产品召回等相关纠纷和法律诉讼中与供应商充分合作等。

竞业禁止：泰国经销商通常处理来自许多供应商的货物，并且绝大多数情况下，其不同意只作为一个供应商的经销商，除非该供应商就有关宣传和广告活动提供大量的财务和其他支持。

反垄断考虑：根据《贸易竞争法》，禁止供应商连同其他运营商为其商品设定零售价格，从而避免在任一货物或服务市场上垄断，或减少竞争，或限制竞争。

（5）电子商务（包括数据保护）

截至 2015 年年底，泰国互联网用户达到 3 950 万人。根据 2015 年新加坡互动广告局的调查，泰国电子商务仍然处于早期发展阶段，不到 1/3 的受访者表示曾发生网上购物行为。数据显示，泰国仅 18% 的消费者有在线购物经历，在亚太地区排名倒数第三。消费者教育仍待开发。东南亚电子商务大户 Lazada 在泰国表现相当不错。数据显示 49% 的电商买家使用 Lazada。紧随其后的是 OLX，约占 30%。而亚马逊与阿里巴巴则表现平平，调查显示不到 5%。

泰国电子交易发展局（ETDA）发布的 2016 年泰国电子商务发展报告数据显示，截至 2016 年底泰国电商数量总数增至 527 324 家，总交易额 2.52 万亿泰铢。

数家知名度较高的中国企业已在泰国开设了网络销售业务，其中包括小米和阿里巴巴公司。

在泰国开展电子商务，需遵守泰国的民法和商法的相关规定。另外，泰国还有针对某些特定领域的专门的法律，例如电子付款、广告以及消费者保护等。

鉴于民法和商法中只包含有关销售的一般性规定，而非特别针对电子商务，因此，在 2001 年泰国颁布了《电子交易法》（Electronic Transaction Act）。根据《电子交易法》，电子交易是指交易的部分或者全部是由电子方法完成的交易行为。

《电子交易法》针对电子交易制定了一般性条款，包括进行电子交易的条件和要求，以及进行电子交易双方的责任和义务等。《电子交易法》规定，电子交易与其他类型交易在本质上并无不同，因此，应遵守民法及商法的相关规定。

另外，在泰国开展电子商务，同时还受到《直接销售和直接营销法》（Direct Sale and Direct Marketing Act）（2002）的管理。《直接销售和直接营销法》制定了一张清单，上面列出了商家在开展电子商务时，应该告知消费者的实质性信息，其中包括卖家个人信息、保修期、送货及付款方式、停止合同的条件等。

泰国宪法为个人信息保护提供了基本的保障，虽然其他相关法律规定了个人信息保护的某些方面，但尚未有任何法规专门就个人信息保护的一般原则进行规定。

违反上述法律规定者将被处以罚款，罚款金额由法院根据情节严重程度以及其他客观情况，进行综合考虑后进行决断。非法收集和使用个人信息者可能会面临监禁的刑事处分。

2. 实务考量

（1）应收账款回收

在回收应收款项时，债权方须就所提供的商品或是服务的价格，向法院上交一份声明。在上交声明之前，债权方可以考虑雇佣相应的催收机构来帮助回收应收款项。泰国民法及商法对于每一种类型的应收款项的请求都规定了相对应的诉讼时效。例如，索要售出商品的应收款项的诉讼时效为商品售出后的2～5年。

（2）产品认证/质量/责任

在泰国，产品认证属于泰国工业标准协会（TISI）的职责范围。该协会对自愿性产品及强制性产品的认证都作出了规定。10个不同的行业领域中的60多种产品需要获得强制性产品认证。这些领域包括：农业、医药、汽车、消费品、建筑材料、电子设备器材和配件、聚氯乙烯塑料管、液化石油气储气罐以及表面涂料。

在泰国有两部涉及产品责任和消费者保护的法律：

《产品责任法》（2008）

《产品责任法》（2008）的范围限于因不安全产品引起的损害。如果消费者因不安全产品遭受损害，相关商业经营者有义务补偿该消费者。《产品责任法》授权法院可对精神损害判决补偿，以及可对所产生的实际损害判决两倍以内的惩罚性损失赔偿。根据《产品责任法》（2008）商业经营者指：生产制造商或者雇主；进口商；若产品未标明制造商、生产雇主或进口商，即为产品销售者；以及使用的名称、商标、商号、标识或声明可能导致其被理解为问题产品的制造商、生产雇主或进口商的人员。

《产品责任法》扩大了泰国法律下"严格责任"的概念，其指一旦产品被发现不安全，商业经营者应当对受损害的人员负责，即使该商业经营者不是故意造成伤害或者粗心大意造成的。

商业经营者可能的抗辩包括：该产品并非不安全；受伤害的一方已经知晓该产品不安全；或者损害是由于未按使用指引、警告或者商业经营者充分提供的信息不当使用或储存产品造成的。

《消费者案件诉讼程序法》（2008）

《消费者案件诉讼程序法》适用于因消费产品和服务引起的所有案件，并且包括《产品责任法》下的案件。《消费者案件诉讼程序法》保证消费者适用更加便宜、迅速和简单的诉讼程序。消费者被允许用口头或书面方式立案。

按照《产品责任法》（2008）以及其他消费者保护法，在泰国消费者有权对于所购买商品的质量缺陷向卖家索要赔偿。这部分赔偿可以包括对违反民法及商法的赔偿以及/或者对于消费者造成的心理健康损害赔偿以及/或者精神损失的赔偿。另外，在生产商知道产品有缺陷，或者因生产商严重失职而造成的生产商不知道产品有缺陷的情况，或者在生产商了解到产品有缺陷后，没有采取合适的措施来进行修复弥补的情况下，法院可以对生产商判处惩罚性赔偿。如果在泰国出售消费者保护委员会所禁止出售的商品，进口商或者生产商还将会面临罚款以及/或者监禁的处罚。若违反《工业产品标准法》（Industrial Product Standards Act）（1968），营业执照可能被吊销。

（3）知识产权

中国供应商在向泰国出售商品前，应当首先采取一切必要手段，对其商品在泰国的商标、专利、技术以及其他知识产权相关的权利进行保护。如在对其商品商标进行注册后，外国生产商可以降低未经授权许可的平行进口的风险。这是因为商品商标的注册将会使得未经授权的进口商所进口的商品的海关放行程序更加复杂，从而延长海关放行时间，以及允许外国生产商追踪调查该国进口商未经其授权进口的行为。

总的来说，在实务中知识产权通常被划分为三类，分别是商标、专利以及版权。

• 商标（商品商标、服务商标、证明商标以及集体商标）是一种鉴别某一特殊商品、服务以及认证的方式；

• 发明创造以及产品设计的专利授予专利权人有关该发明创造以及产品设计的独家使用权；

• 版权所适用的范围包括：文学作品、艺术作品、戏剧作品、音乐作品、音像作品、电影作品、音频和视频广播作品以及计算机软件。

考虑到泰国目前的经济增长以及在泰国愈演愈烈的知识产权侵权事件和越来越猖獗的造假仿冒行为，知识产权所有人应当积极使用其所拥有的知识产权，并诉诸法律保护手段对其所拥有的知识产权进行合法保护。

商标和专利在完成注册程序后才会受到法律的保护，而版权保护则不需要注册。知识产权管理部门保留了有关版权方面的大量全面的记录档案。

商务部知识产权部门负责所有与知识产权相关的事宜（商品商标、服务商标、或者专利注册以及版权备案等），同时还负责知识产权保护相关的执行。

（4）主要法律法规（表5-3）

表 5-3 泰国贸易、投资所需涉及的主要法律法规

年份	名称	描述
1999 年	《贸易竞争法》 (Trade Competition Act)	通常情况下,《贸易竞争法》负责管理所有商业领域中一切将会造成或已经造成垄断或者减少竞争的禁止性贸易措施的实施。在该领域还设有贸易竞争委员会。贸易竞争委员会是一个隶属于商务部并受到国内贸易部管理的政府机构,有权豁免对某些商业类型的禁止
2001 年 2008 年修订	《电子交易法》 (The Electronic Transactions Act)	2001 年《电子交易法》(修订版)特别针对电子合同订立、电子签名、电子方式付款、电子商务服务提供以及安全手段的实施与落实等方面制定了详尽全面的规定
1987 年	《消费者保护法》 (Consumer Protection Act)	《消费者保护法》针对因瑕疵商品所造成的损害的个人责任作出了规定。《消费者保护法》及其修订案的出台巩固加强了 1978 年颁布的《消费者安全法》以及 1986 年颁布的《消费者安全法》(修订案)
2009 年	《不安全产品责任法》 (Unsafe Goods Liability Act)	《不安全产品责任法》规定,经营者应共同承担由于使用不安全产品所造成伤害的连带责任。为了向经营者们追究其法律责任,受害方应当证明其所受到的伤害是在其正常使用产品的情况下发生的
1999 年	《外商经营法》 (Foreign Business Act)	依据《外商经营法》,外籍人员禁止在泰国从事大部分商业类型,除非经外国商业委员会批准,并从商业登记局主管处取得外籍商业运营许可

资料来源:走出去智库(CGGT)整理。

（六）税收法律制度

1. 税收体系和制度

泰国税收法律是 1938 年颁布的《税法典》，泰国财政部有权修改《税法典》条款，税务厅负责依法实施征税和管理职能。外国公司、外国人与泰国公司、泰国人同等纳税。泰国对于所得税申报采取自评估的方法，故意漏税或伪造虚假信息逃税的行为，将被处以严厉惩罚。

目前泰国的直接税有 3 种，分别为个人所得税、企业所得税和石油天然气企业所得税，间接税和其他税种有特别营业税、增值税、预扣所得税、印花税、关税、社会保险税、消费税、房地产税等，泰国尚未征收资本利得税和赠与税。

2. 适用法律

《税法典》是泰国税收的主要适用法律。该法对个人所得税、公司所得税、增值税、特别行业税以及印花税做了法律规定。《石油收入法》则对石油和天然气特许经营所取得的收入做了规定。《海关法》则适用进出口关税的征收。泰国政府根据管理需要会对商品代码分类和海关关税进行不定期调整，有关法令和公告可在泰国海关厅网站上查询。

3. 进口关税

目前，泰国海关进出口商品代码和关税管理体系是根据 1987 年修订的海关关税法令制定的。在泰国，大部分进口商品都需要缴纳两部分税，一是海关关税，二是增值税。关税计税方法一般为按价计税，也有部分商品按照特定单位税率的方式征税。

一般情况下，进口商品的关税额计算公式为到岸价乘以该项商品的进口税率，绝大部分商品的进口关税为 0～80％；增值税为进口商品缴纳关税和消费税后的总价值的 7％。泰国给予东盟成员国和与其签订多边贸易协定的国家、地区不同程度的关税减让。

• 泰国对大量的进口产品征收超过 30％的关税，包括农产品、汽车和汽车零部件、酒精饮料和一些电子产品；丝织品、羊毛织物、棉纺织品及其他一些纤维织物的进口关税多为 60%；摩托车及一些特殊用途车的进口关税达到或超过 80%；大米 52%；乳制品 216%。

泰国对绝大多数工业原材料和必需品如医疗设备，征收零关税；根据 2017 年 1 月生效的《投资促进法案 B. E. 2520》修订案，目前对于科研研发及相关培训所需的材料的进口免除关税；对有选择的一些原材料、电子零配件以及用于国际运输的交通工具，征收 1% 关税；一些化工原料也按 1% 征收关税；对初级产品和资本货物大部分按 5% 征收关税；对中间产品一般按 10% 征收关税；对成品一般按 20% 征收关税；对需要保护的特殊产品按 30% 征收关税。

4. 企业所得税

在泰国具有法人资格的公司都需依法纳税，纳税比例为净利润的 20%，每半年缴纳一次。

基金和联合会、协会等则缴纳净收入的 2%～10%。国际运输公司和航空业的税收则为净收入的 3%。

未注册的外国公司或未在泰国注册的公司只需按在泰国的收入纳税。正常的业务开销和贬值补贴，按 5%～100% 不等的比例从净利润中扣除。对外国贷款的利息支付不用征收公司所得税。公司内部合作所得的红利免征 50% 的税。对于拥有其他公司的股权和在泰国证券所上市的公司，所得红利全部免税，但要求持股人至少持股 3 个月以上。企业研发成本可以做双倍扣除，职业培训成本可以做 1.5 倍扣除。

提示中国企业关注泰国税收激励政策，下述情况可得到低税率优惠待遇：注册资本低于 500 万泰铢的，净利润低于 100 万泰铢的，按 20% 缴纳；净利润在 100 万～300 万泰铢的，按 25% 缴纳；在泰国证交所登记的公司净利润低于 3 亿泰铢的，按 25% 缴纳；设在曼谷的国际金融机构和区域经营总部，按合法收入利润的 10% 缴纳。

此外，国外来泰投资的公司如果注册为泰国公司，可以享受多种税收优惠。

5. 个人所得税

个人所得税纳税年度为公历年度。泰国居民或非居民在泰国取得的合法收入或在泰国的资产，均须缴纳个人所得税。税基为所有应税收入减去相关费用后的余额，按从 5％～37％的五级超额累进税率征收。按照泰国有关税法，部分个人所得可以在税前根据相关标准进行扣除，可以减免的收入类别及其减免额/率如下：

- 租赁收入，根据财产出租的类别，减免比例为 10％～30％不等；
- 专业收费中，医疗收入减免 60％，其他减免 30％；
- 版权收入、雇佣或服务收入减免 40％，减少的总额不超过 6 万泰铢；
- 承包人收入减免 70％；
- 《税法典》第 40 款所规定的其他商业活动取得的收入，根据商业活动的性质减免 65％～85％。

6. 增值税

泰国增值税制度从 1992 年 1 月 1 日起开始实施，它取代了旧的商业税制度。泰国增值税普通税率为 7％（其中 6.3％为国家对商品销售及服务或商品进口征收的税率，0.7％为地方行政机构征收的税率），增值税必须按月缴付。

只要在泰国销售应税货物或提供应税劳务，都应在泰国缴纳增值税。进口商无论是否在泰国登记，都应缴纳增值税，由海关厅在货物进口时代征。需缴纳此项税款的有：生产厂家、服务行业、批发商、零售商以及进出口公司。

免征增值税的情况包括：经营者的年销售收入少于 180 万泰铢；销售或进口未加工农产品、牲畜以及农用原料，如化肥、种子及化学药品等；销售或进口报纸及书刊；审计、法律服务、健康服务及其他专业服务；文化及宗教服务；实行零税率的货物或应税劳务，包括：出口货物、泰国提供的但用于国外的劳务、国际运输航空器或船舶、援外项目下政府机构或国企提供的货物或劳务、向联合国机构或外交机构提供的货物或劳务、保税库或出口加工区之间提供的货物或劳务。

增值税必须按月缴付，应纳税额＝销项税－进项税。

销项税指买卖经营者向购买人收取的增值税，而进项税指的是经营者因业务需要，向供应商支付的货物或服务税额。如果计算的结果为正，则经营者必须在每月结束后 15 天内主动向税务部门纳税。如果计算结果为负，则以现金或税金核销等形式向经营者返还税款，退款在下一个月还清。

7. 特别营业税

特别营业税是 1992 年开始实行的一种间接税，以取代原有的营业税。部分不征收增值税的业务划入特别营业税的范畴。征收特别营业税的业务主要包括银行业、金融业及相关业务，寿险，典当业和经纪业，房地产及其他皇家法案规定的业务。

其中，银行业、金融及相关业务为利息、折扣、服务费、外汇利润收入的 3％，寿险为利息、服务费及其他费用收入的 2.5％，典当业、经纪业为利息、费用及销售过期财物收入的 2.5％，房地产业为收入总额的 3％，回购协议为售价和回购价差额的 3％，代理业务为所收利息、折扣、服务费收入的 3％。在特别营业税的基础上加收 10％的地方税。

（七）主要政府管理部门

泰国主要政府管理部门（表 5 - 4）。

表 5 - 4 泰国主要政府管理部门

名称	简介	网址
商务部（Ministry of Commerce）	泰国内阁层级的政府部门之一，部长由内阁成员之一的商务大臣担任。该部门职责涵盖进出口贸易、重要农产品价格、消费者保护、知识产权保护等多领域事宜	http：//www.moc.go.th/

（续）

名称	简介	网址
商业发展厅（Department of Business Development）	隶属于商务部，具体负责商业登记、外国商业、会计审计和商业促进等事宜	http：//dbd. go. th/dbdweb _ en/main. php？filename＝index
农业和合作社部（Ministry of Agriculture and Cooperatives）	泰国政府的内阁部门，负责管理农业政策、林业、水资源、灌溉，促进和发展农民和合作社制度等	http：//www. moac. go. th/
泰国贸易竞争委员会办公室（Office of Thai Trade Competition Commission）	隶属于商务部的国内贸易厅，主要职责为实施《贸易竞争法》，根据各个部门规章实施各个领域内的竞争法	http：//otcc. dit. go. th
投资促进委员会（Board of Investment）	泰国政府下属机构之一。主要职责为向外国投资者提供相应的信息和服务以促进外国投资	http：//www. boi. go. th/index. php？page＝index
工业管理局（Industrial Estate Authority）	泰国工业部下属的国有企业。负责开发、设立工业区，协同工业设施等	http：//www. ieat. go. th/
劳动部（Ministry of Labor）	负责劳工管理和保护、技能发展和促进就业等	http：//www. mol. go. th/en/anonymouse/home
知识产权部（Department of Intellectual Property）	负责对泰国境内的知识产权保护进行监管和宣传	http：//www. ipthailand. go. th/en/
证券交易委员会（Securities and Exchange Commission）	该委员会是根据《证券交易法》设立的独立公共机构，其职责为监管和发展泰国资本市场，确保其高效、公平、透明和统一	http：//www. sec. or. th/EN/Pages/Home. aspx

（续）

名称	简介	网址
泰国证券交易所（The Stock Exchange of Thailand）	全国性证券交易所	https：//www. set. or. th/set/mainpage. do
税务署（Revenue Department）	负责组织实施税收征收体制改革、各下属部门的管理等	http：//www. rd. go. th/publish/
泰国中央银行（Bank of Thailand）	泰国核心金融机构，为国内经济持续稳健的发展提供良好的环境	https：//www. bot. or. th/English/Pages/default. aspx

资料来源：走出去智库（CGGT）根据公开信息整理。

四、案例分析

金正大："全球万块示范田"从泰国出发①

泰国是丝绸之路经济带上的重要节点。自 1971 年开始建交以来，中泰友谊持续了 40 多年，是彼此的友好邻邦，在多个领域已展开深入合作。随着两国农业合作水平不断提升，农业合作不断深入和加强，贸易品种、数量和金额都不断扩大，两国投资日益频

---

① 资料来源：

农民日报. 中国新型肥料走进泰国［N/OL］.（2016-01-29）. http：//szb. farmer. com. cn/nmrb/html/2016-01/29/nw. D110000nmrb＿20160129＿1-04. htm?div＝-1。

中国经济网. 金正大肥料飘"香"泰国［OL］.（2016-01-11）. http：//finance. sina. com. cn/roll/2016-01-11/doc-ifxnkvtn9778850. shtml。

中国经济网. 扬帆海上丝绸之路 金正大泰国办事处成立［OL］.（2016-01-11）. http：//finance. ce. cn/rolling/201601/11/t20160111＿8199038. shtml。

繁，合作前景十分广阔。

泰国被誉为"东南亚粮仓"，农业是其国民经济的重要支柱。作为东南亚农业的翘楚，泰国是亚洲唯一的粮食净出口国和世界主要粮食出口国之一，2016年泰国大米出口988万吨，价值逾44亿美元，出口量仅次于印度的1 043万吨而位居世界第二。作为传统的农业国家，泰国耕地面积占土地总面积的38％，全国有80％的人口从事农业生产。但是，受制于资源禀赋和工业发展等因素，泰国本土没有生产化肥的原材料，绝大部分化肥都依靠进口，目前，泰国每年化肥需求量约600万吨。

中国是全球化肥第一生产大国和消费大国，随着"一带一路"的步步推进，中国农业肥料行业的转型升级迎来了新的发展机会，也为中国肥料行业巨头金正大集团提供了难得的机遇。

进入泰国皇家示范园

在泰国市场上，金正大精密筹划，步步为营，稳扎稳打。由于每年80％以上的肥料靠进口，泰国农民非常看重肥料价格、安全以及能否增产，因而泰国在推广外国企业的化肥产品之前要考察合作企业技术、产品等，并做大量的试验。泰国对于化肥产品设定了严格的准入条件，最重要的一点是环境友好性。因此，金正大化肥在泰国北部水稻田先期进行了3年试验，经过多方测试，确定符合泰国的环保要求，获得泰国政府批准进入皇家示范园。2015年，金正大集团成为唯一进入诗琳通公主农业示范园的中国肥料企业。作为皇家示范园，这里以高标准、高要求闻名，新研发、新引进的农业品种和产品都要在这里进行试验示范，通过后才可向全国推广。

示范园用的是金正大集团针对泰国作物和土壤而研制的套餐肥产品。2015年，示范园曾在香米水稻上进行了试验示范，结果良好，产量明显高过2014年，品质也有所提升。因此，在2016年示范园又扩大了在香蕉、蔬菜等经济作物上的金正大专用套餐肥示范规模。金正大示范田已成为示范园里的闪亮名牌。

诗琳通公主农业示范园的工作人员帕努瓦表示，中国肥料给示范园带来了新变化，之前示范园里多是欧洲的肥料，产量基本保持稳定，中国的肥料不仅增产明显，而且价格低。她预测若推入市场，肯定会受欢迎。

成立泰国办事处，发展当地合作伙伴

在示范园的基础上，金正大集团稳步开拓泰国市场。2016 年 1 月，金正大集团成立泰国办事处，标志着金正大集团全面开启了与泰国农业的合作之旅。泰国亲王素博·巴莫在办事处成立仪式上表示，中国"一带一路"倡议为中泰两国的农业纵深合作提供了良机，拓宽了合作空间。金正大泰国办事处在中泰合作提速之年成立，正是应时应运。未来，金正大泰国办事处将与泰国农业部门联合开展新型肥料及农业新产品、新技术的研究与推广，以及人才引进、农技推广培训工作。

金正大集团还与巴威集团等泰国优势企业强强联合，借助其渠道推广新型肥料。巴威集团成立于 1966 年，目前 90％的业务是肥料进口及销售。泰国全国每年需要大约 600 万吨肥料，巴威集团市场份额达到 18％～20％，其经营化肥的价位、档次是泰国最高的。金正大过硬的产品质量以及全球领先的研发，吸引巴威集团与之合作。本次两家公司合作主要涉及试验示范、产品贸易、技术交流等内容，未来还将进一步扩大。

从泰国开启"全球万块示范田"项目

进入泰国皇家农业示范园堪称金正大集团在泰国布局的战略先手棋，也是金正大在全球建设"全球万块示范田"布局"一带一路"的一部分。从泰国的经验，金正大集团认识到建设试验示范田是金正大在全球各地区推广最新肥料、新技术，让当地农户认同从而快速开拓市场与格局的最快方法。因此，2016 年年初金正大集团在泰国启动"全球万块示范田"项目，该项目是金正大集团国际战略的重要项目。公司计划未来三年，在美国、挪威、以色列、澳大利亚、越南等国，联合研究机构、企业、种植业主共同选择 100 种作物、建设 1 万块示范田，以探索建立相应的作物养分管理模式。诗琳通公主农业示范园中的示范田已被金正大命名为"全球万

块示范田"项目的"1号田"。

以泰国为桥头堡，金正大集团正式开启了中国肥料的"一带一路"之旅。未来，金正大将加强与更多国家开展农业合作，加大新型肥料在更多国家的推广和应用。

第六章 越南农业投资合作机遇与实务指南

一、越南农业发展现状与未来趋势

（一）地区资源禀赋

越南位于东南亚的中南半岛东部，北与中国广西、云南接壤，西与老挝、柬埔寨交界，国土狭长，面积约 33 万平方千米，紧邻南海，海岸线长 3 260 多千米。越南地势西北高，东南低；境内 3/4 为山地和高原；有红河三角洲和湄公河三角洲等两大平原，面积分别为 2 万平方千米和 5 万平方千米，是主要农业产区。

越南河流密布，其中长度在 10 千米以上的河流达 2 860 条，较大的有红河、湄公河（九龙江）、沱江（黑水河）、泸江和太平河等。但由于降水量变化大、储水和防洪设施有限等原因，越南容易出现雨季洪水和旱季缺水的问题。

越南资源丰富，种类多样。矿产资源主要有天然气、煤炭、铁、铝、铜、稀土、铬、钛、锆、镍与高岭土等。

越南盛产大米、玉米、橡胶、椰子、胡椒、咖啡等作物，森林面积约 1 000 万公顷。同时，越南渔业资源丰富，沿海有 1 200 种鱼类、70 种虾类，仅北部湾就有 900 种鱼类，盛产红鱼、鲐鱼、鳖鱼等多种鱼类。

（二）农业发展现况

农业是越南的重要产业，越南耕地面积约 940 万公顷，这些耕地承载着越南 85% 的人口，创造了 70% 的产值和 25% 的国内生产总量。

水稻仍然为越南产量最多的农作物，2016 年水稻产量为 2 751 万吨。尽管由于政府鼓励发展饲料粮的生产导致越南水稻产量增速下降，但越南在全球市场中仍然是水稻的主要生产国和出口国。短期来看，越南的水稻产量会受到极端天气的影响，2015—2016 年越南水稻产量就因厄尔尼诺现象有所下降。

玉米是越南最重要的粮食作物之一。因为新的转基因玉米种子的商业化以及政府推动水稻生产转向其他作物的政策，玉米的产量在未来还会提高。2016 年越南玉米产量为 520 万吨。

越南的咖啡产量仍在不断上升，过去 20 年来，越南的咖啡行业明显扩大，咖啡种植区由 42 000 亩增加到超过 660 000 亩，并且越南是世界上最大的罗布斯塔咖啡出口国。越南 2016 年的咖啡产量是 2 880 万袋（每袋 60kg），越南的咖啡大约有 93％用于出口，占世界咖啡出口总量的 21％左右，欧盟、美国和日本是其最大的出口对象。

越南畜牧业的发展处于快车道上。2016 年家禽、猪肉以及牛肉的产量分别是 1.11 万吨、265 万吨与 21.8 万吨，国内对这些肉类的需求大于其产量，因此需要进口，越南成为世界上肉类需求增长最快的六个国家之一。

越南的乳制品行业发展也比较迅速，2016 年乳制品的产量为 59.5 万吨。近年来，越南乳制品行业迎来了国内外的投资，同时越南也在寻求乳制品进出口的发展，乳制品出口占据 2016 财政年度利润的 19％。

（三）农业发展机遇

由于土地和劳动力的限制以及终端市场需求的变化，越南的农业增长将发生结构性变化。水稻产量会有所下降，咖啡和橡胶产量的增速会放缓，向玉米等饲料作物的转型也会放缓。但由于当地消费者饮食多样化的变化，从中期来看，越南农产品加工业和畜牧业的发展形势会比较良好。

越南的咖啡、腰果、肉桂、木薯、棉花、丝绸以及水产品的出口量已位居世界前五，但是越南对饲料粮食的需求仍然依赖进口。

预计到 2021 年越南食品领域投资潜力仍然较大。越南当地消费者的消费水平仍然落后于发达地区，其消费主要集中在主食和生活必需品上，但居民收入水平在迅速增长，预计到 2021 年，家庭净收入增幅超过 53％，因此居民对高附加值食品和饮料的需求会有所增加。

越南乳制品行业也会有快速的增长，但由于其良好的发展态势，乳制品行业吸引了许多竞争者，自 2013 年后，乳制品行业的价格增长有所放缓。

除此之外，越南的经济作物，例如玉米、咖啡等虽然是其主要的农产品，但其自身的转型和发展也面临着一些问题。

越南的农业机械，例如拖拉机的需求也在不断增长，但目前越南进口自中国的拖拉机较少。未来越南对拖拉机的需求仍会有所上升，有利于中国拖拉机的出口。同时，越南作为肥料需求较高的地区，对于肥料的进口要求较多，中国作为亚洲最大的氮肥和磷肥的生产国，也面临着其他国家肥料出口商的竞争，如美国、摩洛哥和沙特阿拉伯等。

越南农业的高运行成本为农业的市场准入设立了资本门槛：大型的农业生产利用规模经济效应使得其有利可图；但对于小规模的农业，高额的土地和设备成本使得它们难以发展。

2014 年越南政府在农业领域开展 PPP 模式以及加入 TPP 协议，都为越南农业的发展带来了机遇，但也加剧了其挑战和竞争。2015 年，越南农业与农村发展部在河内与中国农业部签署农业合作备忘录。该备忘录将推动两国农业领域的合作，具体包括：农业研究、技术、贸易和动植物品种的培育、追踪和疾病防控；农业机械设备的生产；农产品加工、专家交流和信息互通。这些也为中国在越南农业领域的投资带来了机遇。

二、越南农业投资风险分析

（一）越南投资风险的国际评价

1. 基础设施

越南作为 APEC 成员国之一，相对落后的基础设施制约着该国经济发展。近年来，越南在财政困难的情况下仍加大基础设施投入，以改善投资环境。政府计划到 2020 年投入 1 300 亿美元改善基础设施。

根据世界经济论坛最新发布的《全球竞争力报告 2017—2018》（Global Competitiveness Report 2017—2018），越南的基础设施在 137 个国家中位列第 79 名。

越南基础设施仍显薄弱，交通运输以公路和内河航运为主，铁路、空运、海洋运输等方面设施落后，电力供需矛盾较为突出，城市内部基础设施不完善，存在很大缺口。

（1）公路

根据该报告，公路质量指数排名第 92 位，较上年下降 3 位。公路运输是越南主要运输方式，总里程约 20 多万千米。目前，在建和拟建的高速公路共 40 多条，全长 6 313 千米，分为 5 个公路网，分别为：南北高速路网、北部高速路网、中部和西原地区高速路网、南部高速路网、河内和胡志明市环城高速路网。

（2）铁路

铁路质量指数排名第 59 位，较上年下降 7 位。越南铁路总里程约 2 600 千米，以米轨为主（占总长 83% 左右），共 7 条干线，其中河内—胡志明市统一线全长 1 726 千米，经 3 次提速后全线行程约 29 小时。根据《至 2020 年铁路发展规划》，今后越南将重点发展城市铁路交通及连接城内与郊区的铁路运输，并首先在河内和胡志明市进行建设。

（3）航空

航空基础设施质量排名第 103 位，较上年下降 17 位。越南已开通连接国内 20 个城市和国外 26 个城市的 70 条航线，并在各国设立 28 个办事处和 1 000 多个代理点。据 2014 年统计，已有 45 家国际航空公司开通连接越南的 55 条航线。近年来，越南民航市场的需求飞速发展，而民航基础设施却相对滞后。资金问题是阻碍航空基础设施发展的最主要因素。政府的支出仅能满足 13%，超过 60% 的资金需要依靠民间投资解决。面对如此庞大的资金需求，越南政府各部门均建议采用 PPP 模式来投资建设基础设施项目。

（4）港口

港口基础设施质量排名第 82 位，较上年下降 5 位。越南内河运输的货运量与客运量仅次于公路运输，主要港口位于胡志明市、河内、河北、越池、宁平、和平等省市。近年来，越南海洋运输发展较快，现有海港 49 个，其中一类港口 17 个、二类港口 23 个、三类港口 9 个，分为 6 大港口群。越南最大的海运企业为越南航海总公司（VINALINES）。

（5）电力

2017 年，越南供电水平排在第 90 位。随着越南经济持续较快发展，电力需求不断增大。近几年来，政府陆续加大对电力领域的投入，特别是对再生能源、火电和核电的投入。2011 年，政府出台关于风电发展机制的第 37 号决定，将风力发电列入越南第七个电力发展规划。

（6）通信

近年来，越南通信业发展迅速。每百人中移动电话用户数量排在第 44 位，每百人中的固话电话用户数量排在第 96 位。

2. 经商便利程度

越南吸引外资的优势主要有三点：一是劳动力成本较低，与中国中西部地区相当；二是地理位置优越，海岸线长达 3 400 千米，港口众多，运输便利；三是面向东盟，投资者可利用自贸区优惠政策，将产品销往东盟其他国家。

越南影响外资的不利因素主要有三点：一是近年来宏观经济不稳定，通胀压力大；二是劳动力素质不高，仅少数的劳动力受过技术培训；三是配套工业较落后，生产所需机械设备和原材料大部分依赖进口。

据世界银行和国际金融公司发布的《营商环境报告 2018》（Doing Business 2018），越南的经商便利程度在 190 个国家中，排名第 68 位，相较 2017 年上升 14 位。

《营商环境报告 2018》中以下 10 个方面越南在 190 个国家中的排名：

- 设立企业便利程度（第 123 位）；
- 获得建设许可便利程度（第 20 位）；
- 获得电力供应便利程度（第 64 位）；
- 财产注册便利程度（第 63 位）；
- 获得信贷便利程度（第 29 位）；
- 投资者保护力度（第 81 位）；
- 缴税便利程度（第 86 位）；
- 跨境贸易便利程度（第 94 位）；
- 执行合同便利程度（第 66 位）；
- 破产处理便利程度（第 129 位）。

与 2017 年相比，有 6 项指标排名有所上升；其中，获得建设许可便利程度上升 4 位，电力供应便利程度上升 32 位，获得信贷便利程度上升 3 位，投资者保护力度上升 6 位，缴税便利程度上升 81 位，执行合同便利程度上升 3 位。设立企业便利程度下降 2 位，财产注册便利程度下降 4 位，跨境贸易便利程度下降 1 位，破产处理便利程度下降 4 位。

3. 腐败

越南近 5 年来经济发展迅速，但仍属于贪腐问题较严重的国家之一。2012 年 11 月，越南通过了《反腐败法》，将反腐与官员财产公开相联系，规定越南的领导干部需在每年 1 月 1 日至 3 月 31 日期间，提交个人财产申报清单，由所在机关单位或组织在内部公布；越南国会代表和各级地方人民议会代表及其候选人的个人财产申报清单则在其住所或选区公布。

2017 年 1 月 27 日，透明国际组织公布了 2016 年"全球廉洁指数"排名，在 176 个国家中，越南排名第 113 位，得分 33 分。

报告还指出，在这 176 个国家中，按照 TI 的标准，有超过 120 个国家（69%）的得分低于 50 分（100 分为最清廉，0 分为最腐败），这表明，2016 年腐败仍然是困扰全球经济和政治的顽症。

越南在 2014 年和 2015 年的该项排名分别为第 119 名和第 112 名，2016 年与前两年相比，排名变化不大，尽管越南反腐工作已经取得一定成果，但仍不足以完全根除贪污腐败与浪费现象。

4. 政治/安全风险

根据《2016 全球风险地图》的评估，越南政治风险为中等风险，安全风险为低风险。

（二）在越南投资的主要风险因素

1. 贸易和投资风险

对于外国投资者和商业活动来说，越南既有较大的优势，但也有不利条件。越南的公司可以享受经济开放性的程度很高，这能够极大地促进商业和外国投资的发展。但是，生产力和竞争力受到一系列因素的制约，包括：政府对经济的较大干预、严重影响法律体系有效性的行为、腐败盛行、落后的银行体系以及私营企业较国有企业更受限的经营范围。

（1）法律风险

由于与东南亚地区市场的进一步整合，以及政府开放更有吸引力的市场，越南吸引了更多的外国投资者，但是越南的官僚制度和法律短板仍然显著地遏制了外国投资。主要风险包括：守法程度低，同时对法律程序的政治偏见使得该情况更加恶化，当地的腐败也是一个主要因素。此外，越南法律环境还存在不重视财产保护和知识产权保护、执行不力、开办企业程序冗长、争议解决机制不足等缺陷。不过，越南的合同执行机制较为高效。

（2）政府干预

越南高度的政府干预造成了企业运行的高费用、高延迟，并且严重影响了当地竞争格局。商业活动面临着低效率、高花费、极复杂的税收体系，政府对于重要经济领域（尤其是银行和金融服务领域）的干预使得情况进一步恶化，因此降低了其市场吸引力。但是，越南正逐步与国际金融市场接轨，与本地区其他国家相比，越南企业所得税较低，从而抵消了部分风险。

（3）经济开放度

越南通过其快速的发展速度和不断增长的国外投资，成为东亚和东南亚地区的一颗正在升起的经济新星。越南进出口行业展示出了健康的增长水平，这得益于该国对于贸易自由化以及参与地区和国际贸易协定所作出的努力。政府的改革促进了市场开放以及国有企业的私有化，并且使得其真实国内生产总值稳步增长。但是部分领域仍被越南政府视为国家战略安全领域而限制外国投资者的参与。

2. 劳动力市场风险

越南的劳动力市场为寻求投资机会的企业提供了有利条件。企业可以雇用有竞争力且可利用的劳动力。这些劳动力拥有较高的识字率和计算能力，并有越来越多的技术熟练且受过良好教育的劳动力进入市场，能够满足企业开展各类投资项目的需要。然而因外国员工雇用成本高、本地劳动力罢工率高等问题，企业的经营成本将增加，不利于经营活动的顺利开展。

越南的教育体系，尤其是国家高等教育体系具有突出的优势，表现在：中、高等教育需求激增，教育设施持续增加，公共中等教育支出占比相对较高，理工科等专业技术毕业生比例在东南亚地区中最高。越南教育的劣势集中表现在中学学生入学率低，在招收女学生时尤为明显。这表明，越南民众在接受中等教育时存在着地区与性别的不平等待遇。此外，越南还明显缺乏高质量的高等教育资源，大学生能力偏低。

越南的城市化进程导致可用劳动力逐渐减少，劳动力市场出现了越来越多的女性雇员，企业越来越集中在可用劳动力集中的大城市。越南缺乏胜任高技能职位的本土人才，企业需要从国外尤其是从发达国家雇用员工，这将使企业为此付出额外成本。

越南劳动力成本过高是投资者面临的最大风险。然而，越南有低于区域标准的最低工资水平，实行了较少的带薪休假和低廉的遣散费等制度。

3. 物流风险

越南政府正通过减少行政阻碍，特别是逐渐降低关税和非关税贸易壁垒，吸引投资，努力成为大湄公河地区的重要物流枢纽。

越南政府对重要行业存在过度干预，外国投资者在该国某些地区的投资可能会受到供水和电信服务的限制。

4. 犯罪和安全风险

对外国商业和外派人员而言，越南社会治安环境整体上安全，这是越南作为投资目的地的一大优势。自从 1975 年越南战争结束，越南政府成功维持了国内统一局势和良好治安，犯罪率低，遭受国内和国际恐怖组织袭击的可能性小。值得中国企业注意的是：2014年，越南国内曾出现针对中国的大型抗议活动，但全面武装冲突的风险有限。

近年来，越南遭到网络袭击的案件数量增加，暴露了越南网络安全存在重大隐患，造成商业数据流失和金融资产被盗。

三、越南农业投资合作实务指南

（一）市场准入与监管

1. 根据越南 WTO 协议制定的商品准入

（1）不允许外商投资企业进口以下特定商品

• 烟草或烟草替代品；

• 其他制成烟草和制成烟草替代品；"均质"或"再造"烟草；烟草提取物和烟草精；

• 从沥青矿物中获得的石油和油类，原油除外；包含 70％以上从沥青矿物中获得的石油和油类的制剂（该等油类为制剂的基本构成要素）、废油；

- 报纸、杂志以及期刊，不论是否配有插图或内含广告；
- 磁盘、视频以及其他包含信息的音频，或包含生产磁盘或视频的模型及原始材料的类似物品；
- 其他飞机（例如直升机、飞机等），航天器（包括人造卫星）以及小轨迹飞行和航天器发射运载工具及其组件；
- 大量飞机组件。

（2）不允许外资企业分销以下特定商品

- 甘蔗和甜菜；
- 烟草和雪茄；
- 原油和成品油；
- 药品（不含营养品）；
- 爆炸物；
- 书籍，报纸和杂志；
- 贵重金属和石头；
- 载有图像的任何材料的物品。

自 2011 年 1 月 1 日以来，外资企业已获准出口大米，但是仍被禁止出口从沥青矿物中获得的原油和石油/油类。

2. 根据越南 WTO 协议制定的服务准入

（1）外国投资者可在以下清单（非完全列举）涉及的产业中建立外商独资企业

- 分销服务（包括特许经营和佣金代理）；
- 会计、审计和代理记账服务；
- 税务服务；
- 建筑服务；
- 工程服务和综合工程服务；
- 城市规划和城市景观建筑设计服务；
- 计算机和相关服务；
- 自然科学研发服务；

- 飞机租赁服务；
- 附带于采矿业的服务；
- 附带于制造业的服务；
- 设备维护和修理（不含船舶、飞机或其他运输设备）；
- 市场研究服务；
- 管理咨询服务及其相关服务（包括公司间商业纠纷仲裁和调解服务）。

（2）广告

广告活动向外国投资者开放，但仅通过合资企业或商业合作合同的形式与获得授权提供广告服务的越南合作方进行。

（3）附带于农业、狩猎业和林业的服务

外国投资者可通过合资企业或商业合作合同的形式提供相关服务。然而，外资比例不得超过合资企业法定资本的51%。

（4）电影制作和发行

外国投资者仅可通过与获得授权在越南提供该等服务的越南合作方共同建立的商业合作合同或合资企业的形式制作和发行电影。外资比例不得超过合资企业法定资本的51%。

（5）电影放映服务

外国投资者仅可通过与获得授权在越南提供该等服务的越南合作方共同建立的商业合作合同或合资企业的形式提供电影放映服务。外资比例不得超过合资企业法定资本的51%。

（6）技术测试和分析

外国投资者的技术测试分析要求以有当地合作方参与的合资企业形式（法律未规定越南当地所有权的最低要求）进行。如今，私营服务供应商已经可以设立该行业的外商独资企业。然而，因为国家安全的原因，进入某些地理区域仍然受限。

（7）健康和相关社会服务

外国服务供应商可在越南设立外商独资医院，或与越南合作方成立的合资企业或通过商业合作合同的形式提供相关服务。综合医院最低注册资本为2 000万美元，专科医院为20万美元。

3. 限制、禁止和附条件的投资

外国投资者不得在越南从事或开展以下行业或活动：

• 越南《投资法》（Law on Investment）附录 1 中规定的药物行业；

• 越南《投资法》附录 2 中规定的化学品或矿物类行业；

•《濒危物种国际贸易公约》（Convention on International Trade in Endangered Species）附表 1 中包含的野生动植物标本的交易和越南《投资法》附录 3 中规定的具有天然来源的类目 1 中濒危和珍稀动植物物种标本的业务；

• 娼妓行业；

• 人类、人体组织或身体部分的买卖活动；

• 与人类克隆相关的活动。

根据 2016 年 11 月越南国会通过的《投资法》修订案，243 项活动被列为附条件的商业活动。这意味着投资者（不论是外国投资者还是国内投资者）在进行相关商业活动时，都必须满足越南的法律、条例、法令和越南作为成员之一的国际条约规定的条件。

越南计划投资部（MPI）于 2016 年初在国家信息门户中发布了适用于在越南外国投资者的投资条件清单，该清单将由越南计划投资部不定期更新。

4. 农业领域的投资方式

外国投资者可以通过以下形式投资越南农业领域。

（1）直接投资

根据适用《投资法》和《企业法》（Law on Enterprises）的规定，外国投资者在越南境内进行直接投资主要通过以下方式（《投资法》第 22 条）：

• 设立外商独资公司，或与当地投资者设立合营企业；

• 出资购买越南企业的股份，或进行企业兼并与收购等。

（2）合作社

《合作社法》适用于合作社与合作社联盟。

经营农业、林业、渔业以及制盐业的合作社与合作社联盟享受各种形式的扶持和优惠政策，其中包括：

- 基础设施开发的投资；
- 土地分配和土地租赁；
- 信贷优惠；
- 提供资本和种畜以帮助企业在自然灾害和流行病后重振；
- 产品加工。

合作社以及合作社联盟有权加入合营企业，有权通过与国内外组织和个人进行合作、出资、购买其股份等方式实现其经营目标，以及为其经营活动的发展设立企业。法律规定，居住在越南的 18 岁以上的外国人能够成为合作社成员（第 193 / 2013 / ND-CP 号令，第 4 条）。

5. 外资收购农业企业

越南的法规对企业类型的划分中并没有农业企业，但是可以根据商业登记证或投资证书中所列的营业种类对企业进行分类。外资收购农业企业不需要获得政府当局的任何事先特别批准。

（二）劳动就业要求

1. 法律框架

越南规定劳动关系的主要法律是 2012 年《劳动法》。对于外籍员工，政府还颁布了一系列实施条例，包括 Decree 11/2016/ND-CP 和 Circular 3/2014/TT-BLDTBXH，主要为在越南工作的外国人提供工作许可等事宜的指南。

《劳动法》适用于在越南工作的外国人，基本原则是在越南工作的外国人必须遵守越南劳动法律，除非越南作为签约国的国际条约另有规定。外国人若与越南实体签订劳动合同，必须适用越南法律，无论合同方如何约定法律选择。

但是，越南《劳动法》不适用于根据外国劳动合同进行的公司内部调动而在越南工作的外国人。换言之，立法不适用于外国母公司临时指派员工到位于越南的子公司或代表处工作的情形。

个人可以作为独立承包商为越南的企业或组织提供服务。作为独立承包商提供服务属于 2005 年《民法典》和 2005 年《商法典》的管辖范畴，且通常不被认为属于适用劳动法的雇佣关系。而这也导致依据越南法律，独立承包商不享有越南法律规定的劳动者享有的任何法定权利。

2. 外国人在越南工作的相关规定

除了法律明确规定的免除情形，在越南工作的外国人无论时间长短都必须取得工作许可。此外，外国人进入越南工作还需要获得合法有效的签证或居留证。

2016 年 2 月 3 日，越南政府发布了 No. 11/2016/ND-CP 法令（简称第 11 号法令）。第 11 号法令于 2016 年 4 月 1 日生效，同时废除了 No. 102/2013/ND-CP 法案（102 号法案）以及政府于 2014 年 7 月 8 日发布的 No. 47/NQ-CP 决议（102 号决议）。第 11 号法令的主要内容与《劳动法》里一系列关于越南外籍劳工的相关规定有关。

本法令中的主要修订反映了越南商界的积极发展，包括劳动条件、文件要求、申请和免除工作许可方面的变化等。其中最值得一提的是，原《劳动法》中关于工作许可和豁免证明的要求不再适用于在越南境内工作少于 30 天、或一年内累计工作不超过 90 天的外籍劳工。

（1）获得工作签证的程序

取得越南工作签证，必须获得由越南企业作为担保人签发的邀请外国员工在越南工作的邀请函。担保人必须是越南实体，必须代表外国员工向越南移民局提交申请。工作签证有不同种类，申请要求有细微差别。通常须向移民局提交以下文件：

- 签证申请（标准形式）；
- 护照复印件（有效期 6 个月以上），申请人证件照；
- 证明越南担保人法律地位的文件复印件。

取得越南工作签证需要 5~8 个工作日，取决于工作签证种类。越南工作签证的最长期限为 2 年。越南工作签证一旦过期无法续期，只能重新申请。

（2）获得工作许可证的程序

取得越南工作许可，拟被派往越南工作的外国人需要提供证明其具备在越南国内劳动力市场难以获得的专有知识、特殊技能或管理层技能相应的证明。

越南雇主应在外国劳动者前往越南工作之前（至少 15 日）向当地劳动部门提交工作许可申请。劳动部门在收到完整申请材料后，必须在 7 个工作日内颁发工作许可。外国劳动者的工作许可最长时限为 2 年。

3. 劳动合同形式

除了工作时长少于 3 个月的暂时性工作可以使用口头劳动合同以外，劳动合同必须为书面形式，且须包含以下条款：

- 雇主和雇员的基本信息（例如名称/姓名、年龄、地址等）；
- 工作内容、工作地点以及合同期限；
- 工资（含幅度、支付的方式和时间、津贴、额外收入以及提薪和升职的机制）；
- 工时、休息时间和假期；
- 雇员的个人防护用品；
- 雇员的社会和医疗保险；
- 员工技能培训。

越南本地的雇用合同必须使用越南语或者双语（例如：越南语和英语）订立。

4. 工资

政府颁布的一项法令规定最低工资适用于所有的雇员，包括企业、合作社、农场、家庭、私人和其他组织通过签订劳动合同所雇用的员工。

现阶段在越南四个不同地区有四个不同等级的最低工资，最低工资范围在 240 万～350 万越南盾。

对于从事最简单作业的未经训练的雇员，雇主必须支付不低于其所在地区最低工资标准的薪金。对于经过训练的雇员，其薪金必须比该地区最低工资至少高 7%。

越南政府计划自 2017 年开始提高地区最低工资水平。预计地区最低工资水平在 2017 年可以提高 7.3%。

5. 福利

（1）病假

雇员的病假工资相当于其请假前一个月作为社保基数的工资的 75%。需要长期治疗且 180 日后仍需治疗的雇员享有以下数额的病假工资：

- 对于已缴纳 30 年以上社会保险费的雇员，相当于其请假前一个月作为社保基数的工资的 65% 的薪酬；

- 对于已缴纳 15～30 年社会保险费的雇员，相当于其请假前一个月作为社保基数的工资的 55% 的薪酬；

- 对于已缴纳不满 15 年社会保险费的雇员，相当于其请假前一个月作为社保基数的工资的 45% 的薪酬。

（2）产假

女性雇员（正常工作条件下）享有 6 个月的产假。如果该雇员一次生产超过一名孩子，其将享有第二名孩子起每名孩子带来的额外的一个月产假。产假期间的每月工资为休产假前 6 个月作为社保基数的工资的平均数的 100%，但是产假期的最高工资不得高于基本工资的 20 倍，即 242 万越南盾。产假期间的工资由社会保险基金支付。

（3）陪产假

当男性雇员的妻子顺产时，其享有 5 天的陪产假。如果其妻子进行剖腹产，则其享有 7 天的陪产假。如果其妻子顺产产下双胞胎，则其享有 10 天的陪产假。如果其妻子通过剖腹产产下双胞胎，则其享有 14 天的陪产假。如果其妻子一次产下超过 2 名孩子，则其享有第三名孩子起每名孩子带来的额外的 3 天的陪产假。

（4）抚养人权利

父母有权请假照顾其患病的孩子。若其孩子不满 3 岁，则父母享有每年每名孩子最长 20 个工作日的带薪假，若其孩子为 3～7

岁，该期限为 15 个工作日。这一期间的工资与病假工资的计算方法相同。

以上特殊期间的工资均由社保基金而不是雇主支付。

6. 工会

基层工会执行委员会（公司内部工会）代表劳动者。若公司内部尚未建立工会，则由工会执行委员会的直接上级监管部门代表劳动者。

劳动者有权要求并参与用人单位的讨论，以落实民主制度，在工作场所获得咨询以保护劳动者合法权益。用人单位必须和工会协商以下事项：

- 当制订与实施保障职业安全与卫生的计划时；
- 当大面积裁员时；
- 当制订劳动力使用计划时；
- 当制定工资标准、工资单和工作限制时；
- 当制订奖励计划时；
- 当制订内部劳动规则时；
- 当临时要求某劳动者停工时。

7. 集体协议

雇主有义务遵守和履行集体劳动协议（CLA）。在劳资谈判过程中，劳动集体以简单多数通过劳动协议之后，一旦雇主和劳动集体的代表签订劳动协议，集体劳动协议即对雇主产生约束力。劳动协议自雇主与劳动集体代表签订之日或双方在协议中约定的生效之日起生效。

越南劳动法认可某些特定行业的协议，而这类协议也称为行业性集体劳动协议（ICLA）。若某行业有行业性集体劳动协议，越南鼓励（但不要求）属于该行业的企业适用此集体协议。

8. 工时和假期

（1）工时

越南有对于最高工时的限制，同时相关方（雇员、工会以及雇主）不能够通过个人协议或者集体协议放弃该项限制。对于正常工作条件下的雇员而言，最高工时为每天 8 小时或者每周 48 小时。工时可以根据雇主的需要以时、日或周为单位计算。若以周为单位计算，最高工时不能超过每天 10 小时或者每周 48 小时。而对于处于高强度、危险或有毒环境下的雇员，每日工作时间不能超过 6 小时。

连续工作 8 小时（正常工作条件下）或者连续工作 6 小时（高强度、危险或有毒环境下）的雇员有权享有至少 30 分钟的休息时间，而这休息时间应当计算在工时之内。若在晚上进行工作（即从晚上 10 点至第二天早上 6 点），雇员有权享有至少 45 分钟的休息时间，而这休息时间应当计算在工时之内。

根据越南劳动伤兵社会部 2015 年 12 月 16 日颁发的《对季节性生产和按订单加工劳动工人工作、休息时间指引的 54 号通知》，从 2016 年 2 月 10 日起，每个劳动者每年加班时间不得超过 300 小时。该通知还要求，越南工人每人每天工作时间和加班时间之和不能超过 12 小时，重体力、有毒害和危险性行业每天工作时间和加班时间之和不超过 9 小时；每人每周工作时间和加班时间之和不能超过 64 小时，重体力、有毒害和危险性行业每周不能超过 48 小时；每人每月的加班时间不能超过 32 小时，重体力、有毒害和危险性行业每月的加班时间不能超过 24 小时。同时，每人每周至少休息 1 天（连续 24 小时），如果不能做到每周都有休息日，必须保证每月每人休息 4 天。[①]

（2）假期

现阶段，越南有总计 10 个公休带薪假日。如果任何公休假日与周末相重合，雇员有权在下一工作日补休。除了公休假日，外籍雇员在其国家传统新年和国庆日时均享有一日的假期。

根据法律规定，在正常工作条件下的雇员除公休假日外，享有

---

① 越南《经济时报》. 从 2 月 10 日起越南每个劳动者每年的加班时间不得超出 300 小时 [OL]. （2016-02-23）. http：//vn.mofcom.gov.cn/article/ddfg/laogong/201602/20160201261021.shtml。

至少 12 天的年假。在高强度、危险或有毒环境下工作的雇员享有至少 14 天的年假。

在强度极高、高度危险或有毒环境下工作的雇员则享有至少 16 天的年假。除此之外，任何雇员在连续为同一雇主工作五年后每年还享有额外一天的年假。

9. 解雇保护

解雇是当员工违反劳动纪律时采用的纪律处分，劳动法已作出规定，公司内部劳动规则也应载明。解雇仅在下文所述的有限的情形下适用。解雇指终止劳动合同，其使用受到越南劳动法的严格规制，仅在以下情形适用。

• 员工行窃、侵占、赌博或故意暴力引起受伤，在工作场所吸毒，泄露技术或商业秘密，或侵犯用人单位知识产权，或不法行为对用人单位财产、权益造成重大损失和破坏，或有造成特别重大损失和破坏的威胁；

• 员工正受延期加薪处分，首次处分完毕前再次出现处罚事由。或员工曾受降级处分，并再次出现相同处分事由（比如员工已经就某一事由受到处分，且在处分记录还未消除前再次违反）；

• 员工无合理原因自行离岗，一月内累计 5 日或一年内累计 20 日。合理原因包括自然灾害、火灾、员工或员工亲属生病（由合格的医疗咨询机构或医疗机构出具证明）和其他内部劳动规则中载明的情形。

用人单位解雇员工必须严格遵守法律程序。否则，解雇行为将受到法庭质疑。

（1）解雇程序要求

解雇是处理违反"劳动纪律"的一种方式。越南劳动法律将"劳动纪律"定义为规定守时、技术、商业管理和生产的规则，由内部劳动规则载明。所以，解雇程序应当同时符合内部劳动规则和越南劳动法律，按照程序解决劳动违纪问题。程序必须包括以下步骤：

- 书面通知应出席人员；
- 开会处理劳动违纪；
- 发布会议纪要；
- 发布劳动违纪处理决定。

（2）受保护的员工

女性员工不得因结婚、怀孕、产假、照顾 12 个月以下婴儿而遭到解雇。

（三）土地使用规定

1. 土地使用权的获得

在越南，包括农业用地在内的土地所有权属于国家所有。个人和组织只享有土地使用权。原则上，享有土地使用权的任何个人或组织可以交换、转让、租赁、转租、遗赠及捐赠土地使用权；可以以土地使用权设立抵押、保证及出资。

但是，由于土地使用权在执行方面的立法不明确以及执法机制无力等问题，上述权利在实践中可能并未实施。

越南政府于 2013 年出台了新《土地法》，该法于 2014 年 7 月 1 日起生效，替代原有的 2003 年《土地法》。为了更好地实施新《土地法》，越南政府和相关部门机构还相继出台了一系列法令和通告，其中规定土地使用权取得的主要立法有第 43/2014/ND-CP 号法令、第 44/2014/ND-CP 号法令、第 102/2014/ND-CP 号法令和第 09/2016/TTLT-BTP-BTNMT 号联合通告。

除某些特定情况外，土地使用权期限不得超过 50 年，对于资本回报周期长的大型项目或位于社会经济条件困难地区、需要 50 年以上土地使用期限项目，土地使用权期限最长不得超过 70 年。

关于购买农业用地使用权的最低价格，法律并没有明确规定。具体价格可以根据 2013 年《土地法》的相关原则，再结合个案情况加以确定。该等原则包括：土地的估价需参考其在估价时的法定用途；土地的估价需参考土地使用年限；土地的估价应依据转让相同用途土地的一般市场价或土地使用权拍卖中赢得竞标的价格或土地使用所得；在特定时间内用途、盈利率和收益都相同的毗邻土地的买卖价格需保持一致。

除此之外，第 44/2014/ND-CP 号法案还详细提供了多种对土地进行估价的方法，主要包括直接比较法、排除法、收益法、盈余法和土地价格调整法。

2. 土地使用权的转让

越南没有买卖农业用地的情形，只有农业用地的使用权可以由政府转让给个人或组织，或在个人和组织之间转让。2013 年《土地法》没有就转让农业用地使用权规定强制投标或事前批准的程序。但是，该法设立了一些转让的条件。如果政府将土地分配或租借给个人或组织，该分配或租借以下列条件为依据：有政府部门批准的年度区级土地使用计划；投资项目文件或者土地分配和租赁的申请中所显示的土地使用需求。

如果土地使用权是在个人或机构之间转让的，需要满足以下一般条件：出让方必须拥有土地使用权证书；转让的土地不存在争议；该土地使用权不存在作为判决执行担保的情形；土地使用期限仍然有效。

家庭和个人使用农业用地时，只能与相同公社、坊或乡镇范围内的其他家庭和个人交换其农业用地使用权，以促进农产量。（2013 年《土地法》第 190 条）。

在某些情形下，农业用地使用权的转让存在限制，例如（2013年《土地法》第 191 条）：经济组织不得从家庭或个人处取得水稻田的使用权，除非根据经批准的总体规划和土地使用规划，土地用途发生变化；不直接从事农产品生产的家庭和个人不得接受水稻田使用权的转让或捐赠；不居住在防护林、严格保护区和特殊用途森林的生态恢复区的家庭或个人不得接受在上述地区的农业用地使用权的转让或捐赠。

在完全满足下列条件时，经济组织、家庭和个人，可以租借或受让农业用地使用权或接受其作为出资，以开展非农业生产和业务领域的投资项目（2013 年《土地法》第 193 条和 134 条）：经主管部门书面批准；该土地用途与经批准的总体规划和土地规划相一致；对于仅用于水稻种植的土地，土地使用权的受让人必须向有关部门支付一定数量的补偿金，用以补偿农业用地的流失或者增加水稻田的效益；土地使用权的交换、转让、租借、转租、继承、捐赠、抵押或者将其作为资本出资的行为必须经土地登记部门登记，并从地籍簿记载的登记之日起生效（2013 年《土地法》第 188 条）。

3. 外资获得农业用地所有权或使用权的限制

外资企业可通过出资的方式，从越南当地的土地使用权人手中完成土地使用权的转移。［2013 年《土地法》第 174.2（dd）条］

尽管法律没有明文禁止当地土地使用权人向外资企业转让土地使用权，但是法律仅允许外资企业直接从国家获得土地使用权。

对于外资企业为开展投资项目而用于农业、林业、水产业及盐场的土地使用行为，政府可能会考虑予以批准（2013 年《土地法》第 133.1 条）。

通过支付年租金而获取土地使用权的外资企业，不得将土地使用权转让给其他实体和个人，但下列情形除外：从政府手中租用土地，并一次性付清整个租赁期间的全部租金的企业；为实施项目，在征收土地使用费的基础上分配土地的企业。

4. 房地产/住宅

2014 年末，越南国会通过新修订的《房地产业务法》（Law on Real Estate Business）和《住宅法》（Law on Residential Housing）。新法于 2015 年 7 月 1 日分别取代此前的 2006 年《房地产业务法》和 2005 年《住宅法》。立法重大变化之一是放松对外国人在越南拥有房屋、公寓的限制。

新颁布的《房地产业务法》和《住宅法》为外国人和外国机构在越南拥有房屋、公寓创造更有利的条件。总体来看，包括以下条件：

- 外国公司投资用于出售的房屋/公寓建设，可以拥有或向越

南合格购买者出售、租赁房屋/公寓;

• 外国投资者在越南投资用于租赁的房屋/公寓建设,可以拥有该建筑。建筑所有权期限为投资证书和土地使用权证书上载明的期限,不超过 50 年(不过期限可以续展)。续展建筑所有权,公司必须首先更新投资证明,续租土地,缴纳租金。续展程序由越南投资和土地相关法律规定;

• 外国公司和外国机构(非从事房地产业务)可以拥有商业项目中的房屋或公寓,供员工居住。但是,外国公司或外国机构可以拥有的房屋或公寓的总数不得超过法定上限。此外,所有权期限以外国公司/机构许可证期限为基础(不过许可证期限通常可以续展);

• 允许进入越南的外国个人可以拥有商业项目的房屋或公寓,所有权期限最高达 50 年(可以续延)。通常情况下,有权在越南拥有房屋的外国个人或实体有权对所拥有的房屋/公寓再次出售、租赁、抵押、作为股本出资、交换等。

5. 权属证明

权属证明需向不动产所在市或省的自然资源与环境部门下设的土地登记机关(Land Registration Office,LRO)申请,权利会在注册时记载。在土地登记机关注册成功后,相关人民委员会向所有者颁发"土地使用权、房屋所有权和其他附属于土地的资产证明"(通常称为粉皮书)(LURC),作为不动产的权利证明。

该证明载有权利人身份信息、土地使用期限、土地使用目的、该不动产/土地上的所有抵押情况及其他产权负担。土地使用权证还包括标的土地地块的地图。

(四)环境保护要求

1. 主要的环境保护法律法规

加入 WTO 以来,越南政府一直致力于改善商业监管环境。越南 2005 年《环境保护法》对进行环境影响评价(EIA)和环境保护作出了明确规范。此外,该国还于 2011 年 4 月 18 日出台了 29/

2011/ND-CP 号法令，明确了战略性环境评价、环境影响评价以及环境保护方式的相关规定，并出台了 26/2011/TT-BTNMT 号公报进一步解释了上述第 29 号法令中的某些条款。根据这些规定，某些投资项目必须提交环境影响评价（EIA）报告。

2. 主要环保监管者

根据越南现行的有关法律，应根据项目的具体类型确定应由哪个部门负责 EIA 报告的审批。负责部门包括越南国家自然资源与环境部（MONRE）及该部的下属部门、部门办事机构和有关政府机构、国防部、公共安全部和各省级人民委员会。

3. 环境影响评估的流程与规定

项目所有人应负责准备和提交环境影响评价（EIA）报告，以获得有关部门的批准。项目所有人可以自行实施 EIA 评价或将评价工作承包给有资质的评估咨询机构。项目所有人应对项目数据、资料和结果负责。

在某些特殊领域，如在签发或修改矿业许可证、油田开发计划或建设许可证时，获得 EIA 批准是有关部门签发或修改此类特许证或对有关项目作出决定的前提条件。

在 EIA 报告的准备阶段，除特殊情况外，项目所有人应征求相关人员或机构的意见（如项目所在地的各级人民委员会或受到项目直接影响的地区或组织的代表）。

EIA 报告格式参照项目可行性研究报告。一份合格的 EIA 报告应涵盖以下内容（但并不局限于此）：项目初衷概述、项目所有人、负责批准该项目的国家机构、信息来源、信息资料及其使用方式、EIA 评估主体和方式、直接被项目影响的有关主体的咨询细节及咨询意见。

EIA 报告审批分为以下两个步骤：一是由项目所有人准备 EIA 报告，并向负责机关提交报告及相关资料；二是相关机构对 EIA 报告进行审查，并决定是否批准。

其他项目所有人应当完成的工作有：公开经审批的 EIA 报告的具体信息以及项目正式开始前的其他必要事项，如采取一定的环保措施、进行环境观察、准备并向相关机构提交该机构对其环保措施及项目运行进行监督与许可时所必需的文件。

（五）跨境销售商品和服务要求

1. 越南的跨境销售主要渠道

（1）代理商和经销商

根据现有的越南法规，除非一外国公司拥有投资许可证，允许其在越南直接进行分销活动，包括开具以当地货币计算的发票；否则该外国公司必须任命一个获得授权的代理商或经销商。

代理商

越南代理商的职责为在越南代理外国供应商销售其商品，并收取佣金。在此情况下，销售交易活动一般发生在外国供应商和越南本地购买者之间，而越南代理商一般履行以下职责：获取市场信息、确定销售线索、追踪销售线索、开展促销活动以及提供售后服务。

越南代理商的具体职责以代理商和外国供应商之间的代理协议为准。拒付风险由外国供应商承担。越南的贸易法承认外国公司任命代理商的权利，前提是越南代理商的注册业务范围涵盖其所代理的活动。

经销商

越南经销商的职责为从外国供应商处购买商品，然后在越南进行二次销售，并且在通常情况下对其所购买的商品负责。某些情况下，经销商还会扮演代理商的角色，这种情况一般发生于当一个越南本地买家希望直接从外国供应商处购买商品的情形。

中国企业在向越南销售货物之前，应对越南的代理商或经销商进行充分的尽职调查，确保其具备合法资格，并且拥有充分的设施、人力以及资金等条件。与代理商或经销商签订的商业协议应当明确记录各方的权利、义务及纠纷解决程序。在选定一家代理商或经销商后，通常推荐的支付方式是不可撤销的保兑信用证，当中国公司对其当地合作方有了深刻了解后，可考虑采用信用条款。

（2）设立代表处

根据越南法律，代表处作为非独立的法人实体，不能直接参与企业经营管理或进行商业活动（如签署合同、收取资金、销售或购买商品和提供服务）。代表处仅可以为其总部提供广泛的辅助支持工作，例如，作为联络办公室了解当地商业环境；寻找贸易和/或投资机会和合作伙伴；代表其总部监督并指挥越南境内的项目。

在跨境销售的情况下，代表处的职能类似于销售代理，供货合同仍由越南境外的母公司签订，离岸母公司对其代表处的行为负责。

（3）设立销售和售后服务子公司

在越南设立的外国投资企业可以直接分销或建立分销网络销售在越南生产的产品，或直接出口产品。2006 年之前，越南未加入 WTO，外国投资者在越南进行与生产加工活动无关的纯贸易和分销行为是受到限制的。根据越南对 WTO 的承诺，法律允许 100%外资持有的企业在越南绝大部分行业进行分销活动。但在一些行业仍会存在限制。

实践中，越南政府希望保护本国分销企业，外国投资者从事分销业务依旧受到限制，须经过程序批准。建立零售商店需经相关许可机关（省级人民委员会、省级工业区管理机关或经济特区管理机关）批准，建立多于一个零售商店时，许可机关基于经济需求测试（Economic Needs Test，ENT）决定是否批准，所考虑的条件有特定地理区域内存在的服务提供商、市场稳定性、地理尺度。

2013 年 4 月，越南贸工部发布新规，零售商店面积小于 500 平方米且位于以销售货物为目的而建的设施内，可以免除经济需求测试程序（ENT）。

（4）电子商务相关规定（包括数据保护）

据越南电子商务与通信技术局网站报道，2014 年，越南电子商务领域营业额超过 29 亿美元，占全国零售总额 2.12%，人均网购金额为 145 美元。2015 年营业额达 40 亿美元，人均网购金额达 300 美元。网购商品种类中电子产品占 60%，家用品占 34%。

64%的商品在网上订货后仍采用现金支付方式，22%通过电子钱包支付，14%通过银行支付。据统计，网民占越南人口 1/3。在网民浏览的网站中 58%具有在线购物功能，其中 15%的网站具有在线结算功能。

一些中国知名品牌产品如华硕、小米、联想也透过电商平台将产品销往越南。

近年来，越南涌现了大量的电子商务网站，呈现鱼龙混杂、泥沙俱下的局面。但实际经营电子商务的网站中只有很少一部分进行了注册。这一混乱局面加剧了消费者对电商网站的不信任感。为此，越南政府于 2014 年年初颁布了 185/2013/ND-CP 号决议，未注册的电子商务网站将被处以 2 000 万～3 000 万越南盾（合952～1 428 美元）的罚款。185 号决议旨在保护消费者和打击假冒及违禁商品销售。按照该决议，在电子商务网站上销售假冒商品将被处以4 000 万～5 000 万越南盾（合 1 904～2 380 美元）罚款。假冒商品将被没收，售假网站将被责令停业 6 个月至 1 年，域名将被收回。

数据保护受到民法、刑法、电子商务法律以及信息技术法律的规制。代理商、机构和个人有权在进行电子交易时，根据《电子商务法》（Law on E-Commerce）第 46 条选择安全措施。代理商、机构和个人不得未经同意使用、提供或泄露其他代理商、机构或个人在电子交易中的个人信息，法律另有规定的除外。对于违反邮件（信件或电子邮件）、电话及传真的保密与安全规定者，将受到刑法处置，最高处罚为 2 年监禁。

2. 实务考量

（1）产品认证/质量/责任

越南《消费者权益法》（2010）（Law on Rights of Consumers 2010）对产品责任、不公平商业行为、欺诈、虚假陈述作出了规定。

经营者必须对因产品缺陷造成消费者人身或财产损失进行赔偿，即便经营者不知道产品缺陷或并不对缺陷负有责任。

（2）知识产权

实务中，知识产权通常被划分为四类：专利、商标、工业设计以及版权。

中国供应商在向越南出售商品前，应当采取一切必要手段，对其商品在越南的商标、专利、技术及其他知识产权进行保护。例如，外国生产商可通过对其商品商标进行注册，降低未经授权的平行进口的风险。这是因为商标注册会使未经授权的进口商进口其商品的海关审查程序更加复杂，从而延长了海关处理时间，以及允许外国生产商对该国进口商未经其授权而实施进口其产品的行为进行追踪调查。

随着越南经济快速发展，知识产权侵权事件和造假仿冒行为不断发生，知识产权所有人应当积极采取措施对其知识产权进行合法保护。

商标权和专利权的保护自完成注册程序后开始，版权和著作权的保护则不需要注册。

（3）税务筹划和转让定价

跨国企业可以通过购销、服务、资金融通、特许权使用等关联交易，将利润从所得税税率较高的国家或地区转移至税率较低或免税的国家或地区，从而达到避税的目的。但这些做法已受到各国税务机关（包括中国和越南）的高度关注。中国企业应当注意防范转让定价的风险，尽可能使关联企业间的利润分配符合独立交易原则，使企业所获得的利润应该与其所承担的职能、风险以及拥有的资产相匹配。

越南早在1997年就已制定了专门适用于外国投资企业的转让定价规则。之后经过多次修订。越南关于转让定价税制的快速发展以及关于转让定价稽查案件的日益增多，也体现了越南有关部门希望打击通过转让定价侵蚀本国税基的决心。与中国转让定价税制类似，根据越南税法，纳税人须通过填写特定表格披露其关联交易的情况，并随同年度企业所得税申报表一并进行申报。此外，纳税人还需要准备转让定价同期资料，于越南税务机关书面通知后30天内提供。根据越南税法，纳税人就关联交易符合独立交易原则负有举证责任。

在各国税务机关推进 OECD 行动计划限制税基侵蚀和利润转移行为的大背景下，中国企业面对赴越南投资转让定价方面的工作并不会轻松，须谨慎对待。

（六）税收法律制度

1. 概述

越南实行属地税法，建立以所得税和增值税为核心的全国统一税收体系。根据越南《投资法》规定，外国投资企业和越南内资企业采用同一税收标准，对于不同领域的项目实施不同的税率和减免期限。

越南是以间接税为主的国家，现行税制中的主要税种有：企业所得税、个人所得税、增值税、特别销售税、社会保障税、健康保险、进出口税、生产特许权使用费、财产税和预提税。

2. 主要税赋纳税时间和手续

印花税一般在营业执照颁发的当月底到颁发属地按既定程序填报并缴纳，缴纳周期为 1 年，缴纳时间最迟不能超过 30 天；增值税一般在每月底最迟不超过下月 10 日按越南税务总局第 01A/GT-GT 号模板填报；企业所得税在每年 1 月 25 日最迟不超过 2 月 25 日按越南税务总局第 02A/TNDN 号模板填报；个人所得税由企业到管辖区域税务机关办理相关申报登记手续，在次月 20 日之前按越南税务总局第 05A/BK-TNCN 号模板填报。

3. 主要税赋和税率

（1）企业所得税

纳税人

企业所得税的纳税人分为居民企业和非居民企业。企业所得税法对常设机构作了规定。外商在越南投资必须得到有关当局批准且取得营业执照，而取得企业所得税纳税人身份是获得批准的手续之一。居民纳税人身份与外汇管制和税收协定相关。

征税对象、税率

居民企业应当就其来源于全世界的经营所得纳税，非居民企业仅就来源于越南的经营所得纳税。

目前，外商投资企业、国内企业、外国企业的分支机构以及不受《外国投资法》管辖的外国承包商适用标准的企业所得税，税率为25%。建设－经营－移交（BOT）企业的标准税率为10%。从2014年1月1日起，越南企业所得税由25%下调至22%；从2016年1月1日起，一般税率再次下调到20%，原优惠税率从20%下调至17%。此外，从2015年7月1日起，从业人员200名以下，年营业额200亿越南盾以下的企业适用20%的普通税率；对从事经济适用房投资经营的企业经济适用房销售、出租收入征收10%的税率。

勘测、勘探、开采油气和其他稀有自然资源的企业所得税税率为32%～50%。[1] 符合政府规定的税收鼓励政策的外资企业和国内企业，优惠税率为10%，15%和17%。[2]

应纳所得税额计算存货估价

对于存货估价，目前没有专门规定。存货的税务处理采用会计处理方法，遵循《越南会计标准》。

资本获益：资本投入所得利润应按规定缴纳所得税。根据资产属性，某些销售收入应缴纳增值税。外国投资者转让在越南注册公司的权益所获得的利润，应按照20%[3]的税率纳税。

折旧的扣除从2004年1月1日起，税收折旧应与会计折旧区别对待。在计算企业所得税时，超过规定折旧率的部分不能扣除所得税。对各类资产（包括无形资产）规定最长和最短使用年限。一般采用直线折旧法计算，在特殊情况下也可采用双倍余额递减折旧法和生产折旧法进行计算。

（2）个人所得税

纳税人

越南个人所得税纳税人分为居民纳税人和非居民纳税人。外国

---

[1]　DFDL report, 10.1.1 para. 2。

[2]　DFDL report, 10.1.6 para, 2。

[3]　DFDL report, 10.1.5 para. 1。

人一年当中在越南居住和工作时间满 183 天，或被认定为长久居留①则为居民纳税人，按累进税率纳税；在越南居住和工作不满 183 天，则为非居民纳税人，按单一税率纳税。

征税对象及税率

居民纳税人应当就来源于全世界的收入纳税。非居民外国人仅就来源于越南的收入纳税，第一年适用 25％的税率，以后各年度适用外国居民应征税率。与越南签订避免双重征税协定的国家，其居民如果属于越南非居民纳税人并符合一定条件，可免缴个人所得税。

（3）增值税

对商品和服务的增值金额征税。在越南设立的内资和外资盈利性机构都应当缴纳增值税。自 2004 年 1 月 1 日起，根据商品和服务种类，增值税适用 5％和 10％（标准税率）两种税率。加工制造业产品出口和劳务出口，免征增值税。进口环节增值税优惠政策自 2004 年 1 月 1 日起取消。

（4）印花税

印花税是对各种性质企业每年必收的费用，以企业注册资金为依据。注册资金在 100 亿越南盾（约合 50 万美元）以上征 300 万越南盾（约合 150 美元）；50 亿～100 亿越南盾（合 25 万～50 万美元）征 200 万越南盾（约合 100 美元）；20 亿～50 亿（合 10 万～25 万美元）征 150 万越南盾（约合 75 美元）；20 亿（约合 10 万美元）以下征 100 万越南盾（约合 50 美元）。新成立企业在上半年完成税务登记并获得税号将按全年征收印花税，下半年获得按 50％缴纳。

4. 关税

（1）关税体系

越南现行关税制度包括 4 种税率：普通税率、最惠国税率、东盟自由贸易区税率及中国—东盟自由贸易区优惠税率。

---

① DFDL report，10.5.1 。

普通税率比最惠国税率高 50％，适用于未与越南建立正常贸易关系国家的进口产品。原产于中国的商品享受中国—东盟自贸区优惠税率。根据中国—东盟自贸区货物贸易协议，从 2011 年开始，越南将对从中国进口的商品每两年削减一次进口关税。到 2015 年，除少量敏感产品外，将对 95％以上的商品征收零关税。

（2）关税税率

除天然橡胶、宝石、半成品或成品木材、海产品、沙石等 5 类产品外，一般出口货物不需要缴纳关税。出口税税率介于 0～40％。[①]

所有货物均应缴纳进口税，投资法或其他特殊法规规定享受免税待遇的除外。进口关税主要有四种汇率：7％、15％、35％ 和 50％。进口税分三类，分别为普通税率、最惠国税率和特殊税率（即各种自贸区税率）。[②] 其中，最惠国税率介于 0～135％，[③] 而特殊税率为三者中最低（表 6-1）。[④]

表 6-1　越南部分进口产品税率

商品名称	关税税率	商品名称	关税税率
香烟原料	30％	纺织原料	5％～12％
皮革原料	0～10％	成衣	5％～20％
皮革制品	0～28％	鞋	5％～32％
木材原料	0～5％	玻璃	0～40％
面粉	15％	钢材	0～32％
煤炭	0～3％	内燃机	3％～25％
纸张	5％～25％	汽车（5 座）	70％

资料来源：越南财政部，走出去智库（CGGT）整理。

---

① DFDL report，10.7 para.1。
② DFDL report，10.8 para.1。
③ DFDL report，10.8 para.2。
④ DFDL report，10.8 para.3。

5. 投资鼓励政策

（1）行业鼓励政策

外商投资高新技术产业，可长期适用10％的企业所得税税率（园区外高科技项目为15％，一般性生产项目为20％～25％），并从盈利之时起，享受4年免税和随后9年减半征税的优惠政策。

在高新技术企业工作的越南籍员工与外籍员工在缴纳个人所得税方面适用同等纳税标准。

（2）地区鼓励政策

越南政府对特殊地区、特殊行业或项目实施以下优惠政策[①]：

位于极度艰苦地区、经济特区和高新技术区的投资项目收入。最惠国税率：自运营产生收入日起15年内为10％；税收豁免：自盈利年起4年内享受税收豁免；50％企税减免：豁免结束后的9年内享受50％企税减免。

位于极度艰苦地区并从事以下行业：教育、职业培训、医疗、文化、体育和环境的新投资项目收入。最惠国税率：永久为10％；税收豁免：自运营产生收入起4年内享受税收豁免；50％企税减免：豁免结束后的9年内享受50％企税减免。

位于极度艰苦地区的新投资项目收入。最惠国税率：自运营产生收入之年起10年内享受17％的税率；税收豁免：自盈利年起2年内享受税收豁免；50％企税减免：豁免结束后的4年内享受50％企税减免。

6. 中国一东盟自由贸易区系列协定

中国与东盟就建立自由贸易区签订了五大法律文件：《全面合作框架协议》《货物贸易协议》《服务贸易协议》《投资协议》《争端解决机制协议》。

2002年11月4日，中国与东盟签署《中华人民共和国与东南亚国家联盟全面经济合作框架协议》（简称《全面经济合

---

① DFDL Report 10.1.6 的表格。

作框架协议》）；2004 年 11 月 29 日，双方签署《中国—东盟全面经济合作框架协议货物贸易协议》（简称《货物贸易协议》）和《争端解决机制协议》；2007 年 1 月 14 日，双方签署《中国—东盟全面经济合作框架协议服务贸易协定》（以下简称《服务贸易协议》）；2009 年 8 月 15 日，双方签署《投资协议》。这标志着备受关注的中国—东盟自由贸易区建设的主要法律程序已经基本完成，从而将确保中国—东盟自由贸易区于 2010 年 1 月 1 日如期建成。

2010 年 1 月，中国—东盟自贸区如期全面建成。自贸区建立后，双方对超过 90% 的产品实行零关税。中国对东盟平均关税从 9.8% 降到 0.1%，东盟六个老成员国对中国的平均关税从 12.8% 降到 0.6%。

7. 中国与越南签署双边投资保护协定

1992 年 12 月，中国与越南为发展两国的经济合作，愿在相互尊重主权和平等互利的基础上，鼓励和保护缔约国一方的投资者在缔约国另一方领土内的投资，并为之创造良好的条件，达成协议，签署了《关于鼓励和相互保护投资协定》。该协定于 1993 年 9 月 1 日正式生效。

8. 避免双重征税协定

中国和越南于 1995 年 5 月 17 日在北京签订《中华人民共和国政府和越南社会主义共和国政府关于对所得避免双重征税和防止偷漏税的协定》和议定书，该协定和议定书应自 1996 年 10 月 18 日起生效，并于 1997 年 1 月 1 日起执行。

2008 年 12 月 16 日，越南与中国香港在河内签署《避免双重征税和防止逃漏税协定》。该协定将有利于促进越南与香港的贸易与投资合作。

（七）主要政府管理部门

越南主要政府管理部门（表 6 - 2）。

表6-2 越南主要政府管理部门

名称	简介	网站
越南政府 (Vietnam Government)	越南政府官方网站，越南政府通过该网站向国内外发布越南方针政策、国家法律、政府决议和社会经济发展情况等可靠资讯	http：//www. chinhphu. vn
外交部 (Ministry of Foreign Af-fairs)	负责越南国家对外事务的专门政府机关	http：//www. mofa. gov. vn/en
计划投资部 (Ministry of Planning and Investment)	负责审批跨省的 BOT 项目	http：//www. mpi. gov. vn
农业与农村发展部 (Ministry of Agriculture and Rural Development)	主管越南农业发展	http：//www. agroviet. gov. vn
工贸部 (Ministry of Industry and Trade)	审批石油和天然气项目	http：//www. moit. gov. vn
劳动伤兵和社会部 (Ministry of Labor, In-valids and Social Affairs)	越南外籍劳务的归口管理部门	www. molisa. gov. vn
越南国家银行 (State Bank of Vietnam)	审批银行等金融机构项目	http：//www. sbv. gov. vn
财政部 (Ministry of Finance)	主要负责落实越南财政管理（包括国家预算、税收、费用、其他国家预算收入、国家储备、金融基金、金融投资、企业金融和金融服务），海关，财务，独立审计，保险，价格，债券，依法行使国家对企业的资金投资权	http：//www. mof. gov. vn

（续）

名称	简介	网站
建设部 （Ministry of Construction）	政府分支部门。负责对城市开发、房屋修建、建筑材料、城乡建设等行为进行登记注册，同时代表国有企业的部分股份	http：//www. moc. gov. vn/
自然资源与环保部 （Ministry of Natural Resources and Environment）	政府分支部门。负责对生态环境、地质、矿产、水资源、土地资源的保护。同时还包括对海岛的测量和制图	http：//www. monre. gov. vn/

资料来源：走出去智库（CGGT）根据公开信息整理。

四、案例分析

明阳木薯扎根越南　　那边风景亦好①

越南作为与中国接壤的农业大国，拥有得天独厚的热带和亚热带气候，农产品极为丰富。越南与中国接壤，气候条件相似，在农业方面有着各自的优劣，而随着 2010 年中国—东盟自由贸易区的全面建成，"早期收获计划"的顺利完工，处于中国—东盟自由贸易区中心位置的广西壮族自治区与邻国越南的合作变得更加密切和深入。从双边的多年交流及考察中，广西农业部门发现越南边境省

① 资料来源：
黄群，覃超恒，2015. 花开在路上——广西农垦纵深推进"走出去"发展战略纪实 [J]. 中国农垦（6）。
胡剑凝，2016. 对广西农垦"走出去"的再思考 [J]. 广西职业技术学院学报。
广西新闻网. 走出国门天地宽——明阳生化集团越南办厂记 [N/OL]. （2012-07-23）. http：//news. gxnews. com. cn/staticpages/20120723/newgx500c7fdb-5708585. shtml。

份对农业新技术和新品种极其渴望，明确表示欢迎并支持中方企业到越南境内建立现代农业示范基地，推广农业新技术和作物新品种。

农业为什么要合作？可持续是其一，谋共赢是其二。区域合作也是一种突破方法。中国—东盟自贸区已然建立，广西的农业企业必须不失时机地"走出去"，拓展国外市场。农业合作不仅利于国内的可持续发展，也带动合作另一方的农业资源开发，实现增产增收。东盟一些国家土地资源丰富，开发程度不高，这是合作的基础。而科技贯穿了广西与越南边境省份农业合作的始终。广西有农业优势产业，有专门技术力量，有成熟的种养经验，这些都是越南农业需要的。

抓住机遇，越南设厂

广西农垦明阳生化集团抓住了这个机遇。集团近几年开拓海外贸易市场取得成功，企业发展较快。然而，随着国内酒精厂家、燃烧乙醇厂家、淀粉厂家的不断增加，木薯原料竞争日趋激烈，加上国内土地资源紧张，木薯原料缺口日趋扩大。在这种形势下，明阳生化要发展，就必须"走出去"。为了变被动为主动，明阳生化科技公司决定在充分利用本地资源优势的同时，到东南亚国家投资建厂，利用那里的资源进行深加工或粗加工。从 1994 年至今，明阳生化集团一直与越南有贸易来往，对越南市场比较了解。越南平定省归仁市仁会工业园区周围自然风光宜人，生态环境良好，地势平坦，土地肥沃，民风淳朴，对明阳集团来说，是发展木薯原料及生产加工基地的理想选择。

因此，明阳集团决定在仁会工业园区设厂，以越南、老挝、柬埔寨为核心基地，将三国原料汇集起来，可以获得每年至少 30 万吨木薯淀粉的原料。该项目占地总面积 300 亩，投资总额 6 800 万美元，并于 2009 年中国—东盟博览会正式签署投资协议，2010 年办理完成各项投资手续，2010 年 9 月 28 日举行项目奠基仪式。2012 年 5 月底已完成厂区、"三通一平"基础设施和 1 万平方米厂房建设，并通过竣工验收。之后，明阳集团抓紧进行 1.5 万吨木薯干法生产线设备安装与主厂房土建工程招标及主生产设备的采购。2012 年 8 月底完成 1.5 万吨木薯干法生产线设备安装并投产，12 月底完成主厂房土建工程，主生产设备到位。2013 年 3 月底完成热电部分设备及土建，2015 年 3 月广西农垦明阳生化集团越南归仁年产 10 万吨木薯变性淀粉及其配套项目全线竣工投产。当年累计生产各类变性淀粉 7 888 吨，实现经营总收入 7 000 多万元，还为当地提供 240 多个就业岗位。

作为广西农垦实施的首个海外木薯产业项目，越南归仁项目的生产线是明阳生化集团首次引进，也是在越南首次采用的国际较为先进的工艺技术生产设备，生产全程实现"零排放"。越南归仁项目的实施，首先使广西农垦明阳生化集团获得了 6 项"看得见、摸得着"的实惠，包括政策规定的出口退税、税收减免、运输补贴、贷款贴息和市场决定的原料收购价格、运输成本优势。其次，项目的竣工投产在客户群体和当地政府中产生了强烈反响。再次，该集团成功实现了原料主基地从国内到国外的战略性转移。

项目投产后年生产预糊化淀粉 6 万吨、干法两性变性淀粉 2.5 万吨、干法阳离子变性淀粉 1.5 万吨。产品主要应用于食品、饲料、造纸、建材和医药等行业。项目年可实现工业加工产值 1 亿美元，实现销售收入 1.25 亿美元，实现利润总额 1 750 万美元。同时，将辐射带动越南 2.6 万公顷木薯种植户，带来种植收入 3 000 万美元，带来物流收入 300 万美元，每年提供税收 626 万美元，为当地创造就业岗位 200 个以上。

克服挑战，积累"走出去"经验

建设期历时 4 年多的越南归仁项目，并不是一帆风顺的，从一开始就陷入了比较艰难的处境。首先，当地电力紧张，建设用电无法正常使用，项目组不得不租用当地柴油发电机自行发电供工程建设使用。为了节约费用，还对生活用电采取限时供应的措施。其次，园区供水系统不完善，在了解到园区临海地域地下淡水资源丰富的信息后，项目组请专业钻井公司勘探打井，不到 10 天时间便打出了两口淡水机井，解决了工地生活和工程建设用水问题。最后，每年 10 月份至次年 2 月份是当地的雨季，风沙大雨不断，严重影响项目进度，项目组"见缝插针"抢时间、抢工期，确保了项目建设有序推进。另外，由于中越都是外汇管制国家，项目建设过程中曾有 1.35 亿元人民币投资款过境越南后既无法在归仁落地又无法马上撤回，不及时解决将严重影响项目投资。在相关政策程序框架内，项目组多方沟通，竭尽全力以最快速度解决了问题。除此之外，当地居民的文化观念也与中国不同，对出现问题的认识和处理存在分歧，行政审批环节繁杂。而公司对当地法律法规也有一个逐步熟悉的过程。值得一提的是，企业海外专业知识、专业人才也是短板，例如公司缺少境外投资建设管理的实践经验，缺少具有国际项目投资建设管理经验及熟悉国际金融、法律的专业人才，都对项目的顺利推进造成了一定的困难。

面对上述挑战，明阳生化集团集中现有财力、人力、物力，抽调精干力量，包括管理人员和技术人员到越南办厂一线，取得了较好的成效。在这期间，明阳生化集团也逐渐积累了"走出去"的一些经验和体会。一是要紧紧依靠我国驻外使领馆，吃透相关法律、政策和经济信息，用好用足"走出去"发展的优惠政策，有效解决实际困难和问题。例如，在中国驻越南使领馆的支持和协助下，越南归仁项目申请了国家"走出去"扶持资金累计 435 万元人民币。二是要加强与所在国政府、群众的沟通与交流，为项目工作营造良好的软环境。例如，明阳生化集团越南公司牢固树立"先生存后发展"的理念，密切与当地政府和群众的联系，主动融入当地，努力成为推动当地经济社会发展的一分子，多次组织参加当地举办的各种体育、联谊活动，并向当地中小学校、慈善机构捐款，树立热心、友善的企业形象。

图书在版编目（CIP）数据

澜湄五国农业投资合作机遇与实务指南／中国农业国际交流协会，走出去智库（CGGT）编著 . —北京：中国农业出版社，2018.5

ISBN 978-7-109-24014-8

Ⅰ.①澜… Ⅱ.①中… ②走… Ⅲ.①农业合作－对外经济合作－中国、东南亚－指南 Ⅳ.①F321.4－62

中国版本图书馆 CIP 数据核字（2018）第 057211 号

中国农业出版社出版

（北京市朝阳区麦子店街 18 号楼）

（邮政编码 100125）

责任编辑 周益平 张雯婷

中国农业出版社印刷厂印刷 新华书店北京发行所发行

2018 年 8 月第 1 版 2018 年 8 月北京第 1 次印刷

开本：880mm×1230mm 1/32 印张：6.875

字数：195 千字

定价：58.00 元